MI BEBÉ

Dra. Miriam Stoppard

MI BEBÉ

SALUD Y VIDA

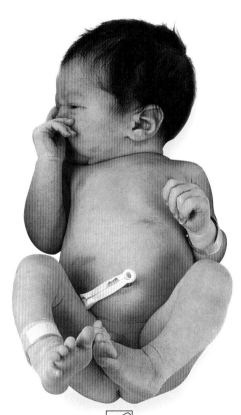

Javier Vergara Editor
GRUPO ZETA

Barcelona / Bogotá / Buenos Aires
Caracas / Madrid / México D. F.
Montevideo / Quito / Santiago de Chile

UN LIBRO DORLING KINDERSLEY

Diseño y editorial Mason Linklater
Gerente editorial de arte Lynne Brown
Gerente editorial Jemima Dunne
Editor jefe de arte Karen Ward
Editor jefe Penny Warren
Producción Antony Heller
Traducción Élida Smalietis

Título original: *Your new baby*

Primera edición en Gran Bretaña en 1998
por Dorling Kindersley Limited,
9 Henrietta Street, Londres WC2E 8PS

ÉSTA ES UNA COEDICIÓN DE EDICIONES B S.A.
Y EDICIONES B ARGENTINA S.A.
CON DORLING KINDERSLEY LTD.,
PARA EL SELLO JAVIER VERGARA EDITOR
Edición para España y América Latina
excepto Brasil, USA y Puerto Rico

www.edicionesb.com

ISBN 950-15-2136-2
Primera edición: 2000

Reproducido en Singapur por Colourscan
Impreso y encuadernado en Hong Kong
por Wing King Tong

CONTENIDO
INTRODUCCIÓN 6

CAPÍTULO

CAPÍTULO

INTRODUCCIÓN

Si usted, por primera vez, está embarazada, acaba de dar a luz, espera ser papá muy pronto o es el padre de un recién nacido, probablemente sienta preocupación e inquietud acerca del nuevo rol que desempeñará. Su alegría ante la idea de tener un hijo puede estar empañada por ansiedades; probablemente se pregunte si será una buena madre o un buen padre y si podrá criar bien al niño. Además, tal vez tema que la felicidad de su hijo resulte afectada si usted hace mal su tarea. No se preocupe: si bien el oficio de ser padre es uno de los que más responsabilidades y desafíos implican, también es uno de los más gratificantes.

EL RECIÉN NACIDO

Usted acaba de vivir la creación de una nueva vida. Su bebé es quizá mucho más pequeño de lo que había imaginado y parece muy indefenso. Sin duda sentirá una enorme dicha, pero también ansiedad por saber si su bebé está sano y si sus movimientos y sonidos son normales. El médico o la comadrona/partera harán al bebé algunos exámenes después del parto y al día siguiente para controlar que esté sano. Esto le dará confianza, y probablemente se sorprenda de todo lo que puede hacer su bebé.

Además, es importante que el papá y el bebé creen un vínculo. Si bien generalmente es la madre la que asume la mayor parte de las responsabilidades en el cuidado del recién nacido, el padre debe ser animado a desempeñar un rol equitativo.

Desde un principio, el padre debe aprender a sostener y cuidar al recién nacido. De esa forma, el bebé pronto asociará el olor, la voz y el tacto característicos de su padre con la sensación de bienestar y seguridad.

EL CONTACTO FÍSICO CON EL BEBÉ

A todos los bebés les hace bien el contacto físico afectivo. Notará que instintivamente sostendrá al niño cerca de usted, lo mirará a los ojos y le hablará con dulzura. El pequeño es más fuerte de lo que parece; saber eso tal vez le ayude a sentirse más confiada cuando lo sostenga. Le será más fácil alimentarlo, bañarlo, cambiarle los pañales y vestirlo si lo sostiene con confianza.

Todos los bebés lloran; es su única manera de hacer saber qué necesitan. En pocas semanas, usted aprenderá a distinguir los diferentes llantos de su hijo; pueden expresar hambre, aburrimiento, sueño o sólo el deseo de estar en sus brazos. A veces llorará sin ningún motivo aparente, pero hay muchas maneras de tranquilizarlo y consolarlo que usted podrá intentar. Sea receptiva, esté atenta a las necesidades de su bebé y responda rápidamente a su llanto. Si usted no le presta atención, él se sentirá tan mal como usted si fuese ignorada en una conversación.

ALIMENTACIÓN Y NUTRICIÓN

Su niño depende de usted para satisfacer todos sus requerimientos alimenticios. Alimentarlo le tomará bastante tiempo, por lo tanto es esencial que elija un método adecuado para ambos. El alimento perfecto para el bebé es la leche materna. Contiene todos los nutrientes que él necesita en la proporción justa. Además, la lactancia natural también es conveniente para la madre: no hay necesidad de comprar el equipo, ni de esterilizarlo, ni de preparar el biberón. Si usted no puede amamantar u opta por no hacerlo, su bebé necesitará alimentarse bien con leche de fórmula en biberón; uno de sus beneficios es que permite al padre compartir la responsabilidad de alimentar al bebé.

EL CUIDADO DIARIO

Mantener a su hijo fuerte y sano no sólo significa alimentarlo bien sino también encargarse de su aseo y su bienestar físico todos los días. Como el bebé es tan pequeño, muchos padres primerizos casi temen sostenerlo en la hora del baño, pero pronto se acostumbran y esperan la ocasión para divertirse con el niño y jugar con él. En lugar de preocuparse, tómese media hora, tenga todo a mano, trate de relajarse y disfrute de la experiencia junto con su hijo.

Su bebé recién nacido podrá necesitar hasta diez cambios de pañales cada día, ¡después le parecerá mentira que alguna vez no supiera cambiar pañales! Podrá optar por pañales desechables o de tela, teniendo en cuenta las ventajas y desventajas de cada uno. Para evitar la dermatitis de pañal es fundamental mantener la higiene; además, el riesgo puede reducirse si se siguen algunas pautas de sentido común.

Cuando compre la primera ropa del bebé, opte por prendas de fibras naturales suaves, cómodas y prácticas, que se puedan poner y quitar fácilmente. Vestir al bebé le resultará cada vez más fácil a medida que practique, por lo tanto tenga paciencia hasta que ambos se acostumbren.

EL SUEÑO

A menos que el niño tenga hambre, frío o esté incómodo por otra razón, dormirá la mayor parte del tiempo entre toma y toma. Es importante considerar la habitación donde dormirá y también el ambiente, pues según las investigaciones, los bebés que tienen demasiado calor corren mayor riesgo de padecer muerte en la cuna. Trate de incentivarlo a dormir de noche cansándolo durante el día con mucha estimulación. Si el bebé se despierta con frecuencia durante la noche, la situación será difícil de manejar para usted.

LAS PRIMERAS SALIDAS

Con organización y confianza, las salidas con el bebé son un gran deleite; cuanto antes comiencen, tanto mejor. A la hora de elegir el equipo para llevar o trasladar al niño, lo más importante a tener en cuenta es la seguridad y la facilidad de transporte. Vale la pena tomarse un tiempo para planificar las salidas a fin de saber dónde cambiar y alimentar al bebé sin inconvenientes. Cuando se hacen viajes más largos en coche, prepararse bien y tomar las medidas de seguridad del caso es primordial.

LA GRATIFICACIÓN DE SER PADRES

He aprendido una regla sobre el hecho de ser padres: todo lo que se da, se recibe multiplicado por quinientas veces. El sacrificio que usted haga cuando su bebé sea muy pequeño le será devuelto con incontables satisfacciones. Una de las más grandes es verlo crecer y presenciar su cambio de niño dependiente y exigente a compañero encantador y considerado, compinche divertido y excelente amigo.

CAPÍTULO 1

EL RECIÉN NACIDO

Con el nacimiento de su primer hijo probablemente sienta orgullo,

asombro y júbilo y, tal vez, un poco de cansancio. Podrá sentir

una profunda conexión con él desde un principio o bien necesitar

un poco de tiempo para establecer el vínculo. Casi seguramente

se sorprenderá por el aspecto del bebé –la forma rara de la cabeza,

la cara arrugada, los pies y manos pequeños–

y se hará la primera pregunta: ¿será sano?

Desde el nacimiento, su bebé demostrará tener reflejos

y conductas que podrían ser necesarios para su supervivencia.

En muchos de sus comportamientos, como sus patrones de sueño

y su forma de llorar, usted podrá percibir el comienzo

de una personalidad única.

SU AMOR POR EL BEBÉ

La mayoría de las madres establecen un vínculo manifiesto con su hijo recién nacido dentro de las primeras 72 horas, pero la palabra "vínculo" no necesariamente implica un inmediato amor absoluto.

Como atender los requerimientos físicos del niño resulta tan agotador, es fácil olvidar que el bebé también tiene una vida emocional activa. La falta de amor y de atención pueden ocasionar un gravísimo perjuicio a la salud de un niño, incluso a muy largo plazo; en las próximas semanas y meses, bríndele tanto cariño, cuidado y atención como pueda.

El amor maternal es parcialmente hormonal; por lo tanto, si no lo siente de inmediato no es su culpa. Generalmente aparece junto con la leche, unas 72 horas después del parto, pero puede tardar más y aumentar muy gradualmente. Una de las hormonas que estimula la producción de leche es la misma que despierta el amor maternal, en parte.

Cuando sostienen por primera vez a su hijo, algunas madres se sienten conmocionadas porque notan que carecen de sentimientos maternales. Esto puede deberse a una variedad de factores, como complicaciones en el parto, expectativas poco realistas sobre el nacimiento, agotamiento, alteraciones del nivel hormonal e incluso la propia experiencia de la madre durante la niñez. La "indiferencia" maternal puede durar desde una hora a una semana, pero difícilmente mucho más.

SU BEBÉ

Sin importar cómo lo había imaginado –más grande, más pequeño, más tranquilo, menos movedizo– su bebé la sorprenderá y será un deleite para usted. Los padres experimentados perciben la personalidad de su bebé cuando nace, pero los primerizos suelen pensar que su hijo está totalmente ajeno al mundo que lo rodea. Sin embargo, los bebés forman rápidamente un repertorio de experiencias sensoriales desde que nacen. Cuando está despierto, su niño escucha y presta atención. Puede reconocerla por el olor, reaccionar cuando le habla y fijar la mirada. Es capaz de reconocer un rostro humano y reacciona al ruido con un movimiento de la cabeza. Desde su primer día de vida desea comunicarse y "conversará" con usted si le habla con un tono animado, a unos 20 a 25 cm de su rostro; a esa distancia, él podrá verla con claridad. Reaccionará a su sonrisa de varias maneras: moviendo la boca, la cabeza o todo su cuerpo, o sacando la lengua.

SOSTENER AL BEBÉ

Está ampliamente demostrado que los niños necesitan contacto físico afectivo durante toda su infancia; esto es particularmente cierto en la primera semana de vida. Casi todos los recién nacidos pasan la mayor parte del tiempo dormidos, por lo tanto es importante que usted le preste atención y esté en contacto físico con él cuando esté despierto. Si está en una incubadora, pida que al menos le permitan acariciarlo y cambiarle los pañales. Una joven madre que conocí hace poco estaba aterrada de sostener a su bebé –que tenía diez días y había estado en incubadora las primeras 48 horas de vida– porque temía que se pudiera "romper". Los bebés son más fuertes físicamente de lo que parece.

LA RESPIRACIÓN DEL BEBÉ

Después del arrebato inicial de llanto, tal vez no oiga ningún sonido emitido por el bebé, dado que, en general, es difícil oír la ligera respiración del recién nacido. En algunos casos, los bebés pueden incluso dejar de respirar por completo durante unos segundos, pero eso es normal y no hay por qué preocuparse. Todos los bebés emiten sonidos extraños cuando respiran –normalmente una especie de resoplidos ruidosos– y con frecuencia su respiración es irregular.

Los pulmones del bebé aún son débiles; en consecuencia su respiración es mucho menos profunda y más rápida que la suya o la mía. Tampoco es motivo de preocupación, pues sus pulmones se fortalecerán gradualmente día a día.

LA LACTANCIA

Durante los tres primeros días de vida del bebé, los pechos de la madre no producen leche sino calostro, un líquido amarillento y poco espeso que contiene agua, proteínas, azúcares, vitaminas, minerales y anticuerpos que lo protegen contra enfermedades infecciosas.

Para favorecer la producción de leche, hay que darle de mamar al bebé con frecuencia: la succión estimula las hormonas responsables de la secreción de leche. Incluso si usted no tiene intención de amamantar a su hijo, es bueno que lo ponga al pecho apenas nazca, porque el calostro será muy beneficioso para él, y el darle de mamar le ayudará a crear un vínculo con el bebé.

En consecuencia, tan pronto como nazca el niño ya puede darle el pecho. La succión –que en él es un reflejo natural– estimulará la secreción de oxitocina, hormona que favorece la contracción del útero y la expulsión de la placenta. Para estimular el reflejo de succión, tóquele la mejilla próxima al pezón (véase p. 38). Los labios deben estar sobre la piel del pecho, con todo el pezón dentro de la boca.

LA PARTICIPACIÓN DEL PADRE

Como la experiencia del parto está tan centralizada en la mujer, es común que el padre se sienta ignorado o excluido. Es importante que el padre y el bebé también creen un vínculo; una forma de hacerlo es a través del tacto, el olor y el sonido. Ya en los primeros días, el padre puede tener al bebé junto a su piel; de esta forma estará en contacto con el olor específico de su padre y en pocas semanas aprenderá a asociarlo con la sensación de bienestar y la seguridad. También debe hablarle a fin de que el niño se familiarice con la voz. De hecho, si el padre habla al bebé cuando aún está en el útero, el niño reconocerá su voz después del nacimiento.

Es usual que la madre asuma las principales responsabilidades del cuidado del recién nacido, pero es conveniente que el padre sea animado a que desempeñe un rol equitativo. Debe aprender a tomar al bebé y a familiarizarse con su contacto físico, participando en las rutinas diarias del baño y el cambio de pañales. Aun si el niño toma el pecho, el padre puede darle el biberón con leche extraída de la madre. Asimismo, es bueno que cuando ambos estén desnudos sostengan juntos en brazos al bebé, para que pueda sentir y oler la piel, y oír los latidos del corazón.

LA RESPIRACIÓN DEL BEBÉ

No se alarme si, al nacer, su hijo llora enérgicamente. Es más; el llanto de los recién nacidos constituye una muy buena señal.

Dentro del útero, los pulmones del bebé no cumplen función alguna y permanecen inactivos, pues la placenta asegura todo el oxígeno que él necesita.
La primera vez que el bebé toma aire, los pulmones se expanden y el aumento de presión cierra una válvula situada debajo del corazón; de ese modo, la sangre que iba a la placenta para su oxigenación ahora va directamente a los pulmones.
Esas dos acciones cruciales, que suceden en un instante, hacen del niño un ser independiente, capaz de sobrevivir sin usted.
Nada debe obstruir la primera inhalación de aire del bebé. Es por eso que el médico y las comadronas limpian de inmediato todos los conductos respiratorios; si el niño no puede tomar la primera bocanada de aire, tendrán que practicarle la reanimación.

*Los primeros días de vida,
muchos bebés tienen
irritaciones en la piel, como
manchas y sarpullidos: son
completamente normales.
Generalmente desaparecen
cuando la piel comienza a
estabilizarse, más o menos a
las tres semanas de vida.*

*Erupción miliar Estas pequeñas
manchas blancas aparecen sobre
todo en la zona de la nariz, pero
también en otras partes de la cara.
Son el resultado de la obstrucción
temporaria de las glándulas
sebáceas, que segregan grasa para
lubricar la piel. Nunca las apriete;
desaparecen solas a los pocos días.*

*Sarpullido causado por el calor Si
el bebé tiene mucho calor, pueden
aparecerle pequeñas manchas rojas,
sobre todo en la cara. Evite que esté
demasiado abrigado con ropa o
mantas y controle la temperatura
del cuarto (véanse pp. 81 y 82).*

*Urticaria Es una especie de
sarpullido caracterizado por
manchas rojizas con el centro
blanco; causa comezón. Es muy
común en la primera semana, y
puede volver al cabo de un mes. No
requiere tratamiento y desaparece
en poco tiempo.*

EL ASPECTO DEL BEBÉ

Cuando tenga en brazos a su hijo por primera vez, probablemente algunas de sus peculiaridades le parezcan extrañas. Sin duda, para usted es un sol, pero tal vez haya esperado un niño limpio y plácido, similar a los que aparecen en los anuncios de las comidas para bebés. En la vida real (como usted ahora de pronto descubrirá) es un poco diferente.

Piel Puede estar toda cubierta de una sustancia oleosa y blanca denominada vérnix. En el útero, esta grasa era una barrera natural cuya función era evitar que la piel del bebé se humedeciera demasiado. El vérnix se puede quitar de inmediato, pero si lo desea puede dejarlo para que actúe como protección natural contra las irritaciones dérmicas leves, cuando la piel se pela o se descama.

Las manchas en la piel se deben a la inestabilidad de los pequeños vasos sanguíneos. Los niños de raza negra generalmente tienen la piel más clara cuando nacen, pero se oscurece a medida que comienza a producir melanina, su pigmentación natural; a las seis semanas adquiere su color definitivo.

Cabeza El cráneo del bebé está compuesto por cuatro placas grandes que deberán tomar su posición definitiva. Eso les permitía acomodarse entre sí para que el bebé pudiera pasar por el canal de parto sin peligro. La cabeza puede estar algo alargada o deformada debido al proceso del parto; eso es normal y no afecta el cerebro. Cualquier hinchazón o morado desaparece a los pocos días del nacimiento.

Las partes blandas de la parte superior de la cabeza del bebé donde los huesos aún no se han unido se llaman fontanelas. Los huesos del cráneo habrán tomado su conformación completa cuando el bebé tenga unos dos años. Debajo del cuero cabelludo a veces se puede notar el latir leve del pulso.

Ojos Su bebé tal vez no pueda abrir los ojos enseguida debido a la hinchazón causada por la presión ejercida en la cabeza durante el parto. En ocasiones, eso también provoca la rotura de algunos vasos sanguíneos en los ojos, causando diminutas marcas rojas triangulares en el blanco del ojo, que son inocuas, no necesitan tratamiento y desaparecen en un par de semanas. Además, puede tener una secreción amarillenta en los párpados. Es común; y aunque no es serio, siempre debe tratarlo el médico.

El niño es capaz de ver claramente a una distancia de 20 centímetros, pero como no puede enfocar ambos ojos al mismo tiempo a una distancia mayor, a veces se pone bizco. Esto generalmente desaparece a medida que se fortalecen los músculos ópticos (generalmente al mes); en caso de que a los tres meses su hijo aún bizquee, consulte al médico. Si los primeros días no desea abrir los ojos,nunca intente abrírselos usted; pruebe sostener al bebé en alto, un poco más arriba que su cabeza, para que los abra naturalmente. La mayoría de los recién nacidos tienen ojos azules. Es probable que el color cambie tiempo después, cuando el organismo comience a producir melanina, el pigmento natural de la piel.

Pelo Algunos niños nacen con mucho pelo; otros son completamente pelones. El color de pelo al nacer puede no ser el color definitivo. El vello fino y suave que cubre el cuerpo de muchos recién nacidos se llama lanugo y desaparece al poco tiempo.

Genitales Muchos recién nacidos de ambos sexos parecen tener genitales y "pechos" agrandados. Esto se debe al marcado incremento del nivel hormonal de la madre justo antes de dar a luz, pues algunas de esas hormonas pasan al torrente sanguíneo del bebé. Los niños pueden tener el escroto agrandado, y también las tetillas; incluso a veces éstas segregan un poco de leche. Se trata de algo normal; la hinchazón desaparece gradualmente. Las niñas pueden tener la vulva o el clítoris hinchado e incluso una ligera "regla" poco después de nacer.

Ombligo El cordón umbilical, que es húmedo y de color blanco azulado al nacer el bebé, se sujeta con una pinza y luego se corta con una tijera. Sólo queda un pequeño trozo del cordón, que al cabo de dos a cuatro horas se seca y ennegrece. Luego se reseca gradualmente y a los siete días cae, pero al bebé no le produce ningún dolor.

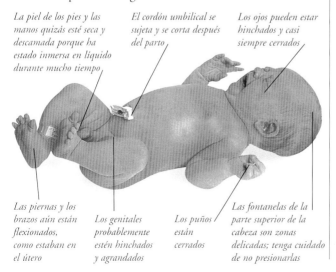

La piel de los pies y las manos quizás esté seca y descamada porque ha estado inmersa en líquido durante mucho tiempo

El cordón umbilical se sujeta y se corta después del parto

Los ojos pueden estar hinchados y casi siempre cerrados

Las piernas y los brazos aún están flexionados, como estaban en el útero

Los genitales probablemente estén hinchados y agrandados

Los puños están cerrados

Las fontanelas de la parte superior de la cabeza son zonas delicadas; tenga cuidado de no presionarlas

HERNIA UMBILICAL

En algunos bebés se produce una pequeña hinchazón en la zona del ombligo, denominada hernia umbilical. Es causada cuando los músculos abdominales aún son débiles y permiten que el intestino sobresalga un poco de su cavidad, produciendo la hinchazón.

La hernia umbilical es más evidente cuando el bebé llora utilizando los músculos abdominales. Es muy común; casi siempre desaparece antes del año. Si la hernia aumenta de tamaño o persiste, es preciso consultar con el médico.

Zona de la hinchazón
La hernia se forma en la zona del cordón umbilical, porque en ese lugar hay un espacio entre los músculos abdominales.

MARCAS DE NACIMIENTO

Si usted no ha encontrado ninguna marca en el cuerpo del bebé, probablemente no haya observado con atención.

Prácticamente todos los niños nacen con algunas marcas de nacimiento. Casi todas se habrán desvanecido cuando el niño tenga tres años, pero algunas permanecen y aumentan de tamaño.

Dos de mis hijos tuvieron marcas de nacimiento en la nuca, justo debajo del nacimiento del pelo, lugar donde muchas suelen aparecer; desaparecieron a los seis meses.

Las marcas se pueden encontrar en cualquier lugar, sobre todo en el cuello, la frente y los párpados. Las que son superficiales no encierran peligro alguno, no son motivo de preocupación y no necesitan tratamiento.

Medidas

A su bebé le medirán la circunferencia de la cabeza y la longitud del cuerpo. También lo pesarán.

MEDIDAS DEL BEBÉ

Para determinar la madurez del bebé, se lo pesa y se miden la circunferencia de la cabeza y la longitud del cuerpo. Estas medidas son un parámetro indicador de su desarrollo. Inevitablemente, las compararán con una medida "promedio", pero sólo se trata de una medida aritmética; el "niño promedio" no existe.

Peso Los recién nacidos pesan aproximadamente entre 2,4 y 4,8 kg. Si usted es diabética, alta o de contextura grande, es probable que su hijo pese más. Los hijos de las mujeres con hipertensión crónica, afecciones renales, enfermedades vasculares o preeclampsia, o bien las que fuman durante el embarazo, posiblemente pesen menos. Los bebés que nacen antes de las 40 semanas de gestación también pueden pesar menos, al igual que los gemelos o los bebés de un embarazo múltiple. En general, los niños pesan un poco más que las niñas.

Es normal que el bebé pierda peso durante los primeros días de vida, pues su organismo se está adecuando a los nuevos requerimientos alimenticios. Ahora debe procesar su propio alimento, y le tomará un tiempo hacerlo sistemáticamente. La pérdida usual de peso durante los primeros días es de unos 115 a 170 g. Luego, el peso del bebé comienza a aumentar.

El aumento de peso de un bebé es un buen indicador de su salud física general. El aumento constante y regular indica que su ingesta de alimento es adecuada y que lo asimila bien; el aumento de peso pobre o errático, o la pérdida de peso, señala que su consumo de alimento es insuficiente o que no lo está absorbiendo bien.

Circunferencia de la cabeza La cabeza del bebé es muy grande en proporción al cuerpo; mide una cuarta parte de la longitud de éste. Cuanto menos edad tiene el bebé, mayor es la cabeza en relación con el cuerpo. En promedio, la circunferencia de la cabeza de un recién nacido es de unos 35 centímetros. Esta medida se considera parte fundamental de los controles realizados al bebé, porque el crecimiento de la cabeza refleja el desarrollo del cerebro; algunos expertos creen que hay una relación directa entre la circunferencia de la cabeza y la inteligencia. Una circunferencia excepcionalmente grande o pequeña puede indicar una anormalidad en el cerebro.

Pecho y vientre La circunferencia del pecho

del bebé es menor que la de la cabeza. Su barriguita puede parecer muy grande e incluso hinchada, pero dada la debilidad de los músculos abdominales, es lo normal.

LOS PRIMEROS PAÑALES

Las heces y la orina del bebé tal vez no tengan el aspecto que usted suponía. Si tiene una niña, quizás tenga flujo vaginal. Nada de eso significa necesariamente que haya algún problema.

Deposiciones La primera deposición intestinal del bebé (que se produce pasadas las primeras 24 horas) consiste en una sustancia verde negruzca denominada meconio, que mayormente es mucosidad digerida. Es normal que su deposición siguiente sea dos días después, sobre todo si está tomando el pecho (no obstante, controle que el bebé esté mojando los pañales regularmente). Después del cuarto día, tal vez defeque cuatro o cinco veces diarias. Notará que cambia el color y la consistencia de las heces: la primera es verde negruzca, luego son marrón verdosas y posteriormente amarillas, casi sólidas. Si usted le está dando biberón, las heces pueden tener el aspecto revuelto de huevo.

Casi todos los bebés defecan apenas han comido. Esto se debe a un reflejo totalmente normal, que hace evacuar el intestino tan pronto el alimento llega al estómago. Algunos bebés defecan con mucha menos frecuencia, pero siempre y cuando su hijo no tenga que esforzarse y sus deposiciones tengan color normal y consistencia blanda, no tiene por qué preocuparse. Si son duras o de frecuencia irregular, es bueno darle al niño un poco de agua (15 mililitros o una cucharada) dos o tres veces por día.

Orina Los recién nacidos orinan casi continuamente porque los músculos de la vejiga aún no están desarrollados. Es probable que su bebé no pueda retener la orina mucho tiempo (generalmente no más de unos minutos), por lo tanto es normal que moje el pañal hasta 20 veces en 24 horas. Su orina contiene sustancias llamadas uratos, que pueden dejar manchas de color rosado oscuro o rojo en los pañales. Esto también es normal en un recién nacido.

Flujo vaginal Las recién nacidas a veces producen una secreción vaginal transparente o blanca. También puede estar acompañada por un leve sangrado vaginal, pero es completamente normal y desaparece al cabo de un par de días. Si usted está muy preocupada, consulte con su médico para tranquilizarse.

MARCAS DE NACIMIENTO

En general se trata simplemente de agrupaciones anormales de pequeños vasos sanguíneos debajo de la piel. No representan peligro alguno y no causan ningún dolor al bebé.

"Fresas" Por lo general, primero aparecen como pequeños puntos rojos, a veces imperceptibles, y durante los primeros meses pueden extenderse bastante formando manchas rojas en relieve. Se desvanecen gradualmente y desaparecen el segundo año de vida, sin dejar cicatrices.
Manchas de salmón También llamadas "marcas de cigüeña", tienen color rosado y suelen desvanecerse con el tiempo, por lo general a los pocos meses.
Marcas de araña (nevos) Aparecen poco después del nacimiento. Son vasos sanguíneos dilatados que se asemejan a una telaraña o red. Normalmente desaparecen después del primer año.
Nevos pigmentados Son manchas parduscas que aparecen en cualquier lugar del cuerpo. Por lo general son claras y se extienden a medida que el niño crece, pero casi nunca se oscurecen.
Manchas de "oporto" Son causadas por capilares dilatados de la piel. Aparecen en cualquier parte del cuerpo y tienen color rojo intenso, a veces violeta. Son permanentes, pero pueden quitarse con tratamiento láser u ocultarse con maquillaje especialmente formulado.
Manchas "mongólicas" Tienen un color negro azulado. Generalmente salen en la nalga o en la espalda, en bebés de piel oscura. Desaparecen solas.

El bebé cierra los ojos, parpadea o los mueve de un lado al otro en reacción a lo que ocurre a su alrededor.

• *Si le acercan una luz intensa, parpadea, por lo general independientemente de que tenga los ojos abiertos o cerrados (nunca debe acercar una luz intensa directamente a los ojos del bebé).*

• *También parpadea si le dan un golpecito en la nariz, le soplan suavemente los ojos o se asusta por un ruido repentino.*

• *Si lo alzan y lo giran hacia la derecha o la izquierda, no mueve los ojos hacia esa dirección, sino que momentáneamente los deja fijos en la misma posición. Esto se denomina "reflejo de ojos de muñeca" y desaparece a los diez días.*

EL COMPORTAMIENTO DEL RECIÉN NACIDO

Cuando nazca su hijo, le tomará un tiempo acostumbrarse a su comportamiento. Vale la pena tomarse el tiempo para estudiar sus reacciones a los estímulos y familiarizarse con algunos de los rasgos que caracterizarán su personalidad. Los bebés tienen mucha más individualidad que lo que generalmente se supone; tener esto en cuenta podrá serle de ayuda a medida que vaya conociendo a su niño.

REFLEJOS

Son algo que todos los recién nacidos sanos tienen en común; pueden estimularse desde el preciso instante que sigue al nacimiento. Consisten en movimientos inconscientes que con el tiempo –a los tres meses– son reemplazados por movimientos conscientes.

Usted podrá notar que su hijo recién nacido reacciona de manera positiva a su presencia contrayendo su rostro y su

Reflejo de prensión
Si se pone un dedo o algún objeto en la mano del bebé, se aferra con una fuerza asombrosa. La prensión del bebé es tan fuerte que podría quedar colgado si se intentara levantarlo (pero nunca trate de hacerlo).

Abre la boca instintivamente para succionar el dedo

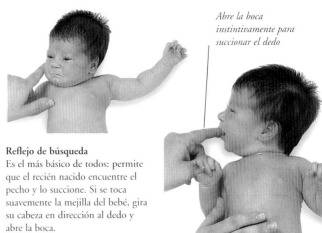

Reflejo de Moro
Cuando se deja caer la cabeza del bebé hacia atrás, el bebé abre y extiende los brazos con los dedos extendidos y luego los deja caer lentamente.

Reflejo de búsqueda
Es el más básico de todos: permite que el recién nacido encuentre el pecho y lo succione. Si se toca suavemente la mejilla del bebé, gira su cabeza en dirección al dedo y abre la boca.

cuerpo por unos instantes. A medida que él aprende a controlar sus movimientos, usted notará que sus reacciones son más intencionales. Por ejemplo, a las seis semanas, en lugar de contraer todo el rostro, puede mostrar claramente una sonrisa.

CONTROL DE LOS REFLEJOS

Hasta que se desarrolle la capacidad física y mental del bebé, los reflejos instintivos son el parámetro para determinar su madurez. Los médicos prueban estos reflejos para evaluar la salud general del bebé y controlar el funcionamiento del sistema nervioso central. Los bebés prematuros no reaccionan igual que los bebés nacidos a término.

Aunque existen más de 70 reflejos primitivos e inconscientes identificados en los recién nacidos, probablemente el médico sólo pruebe algunos. Los dos reflejos más conocidos, y que usted puede probar fácilmente, son el de prensión y el de búsqueda *(véase a la izquierda)*. No intente probar el reflejo de Moro *(véase a la izquierda, extremo)*, porque podría asustar al bebé y hacerlo llorar.

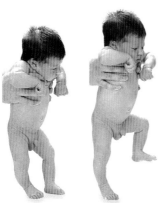

Reflejo de marcha
Si lo sostiene debajo de los brazos y se deja que los pies toquen una superficie firme, mueve sus piernas como si estuviera caminando. Este reflejo desaparece de las tres a las seis semanas; no es lo que hace que aprenda a caminar.

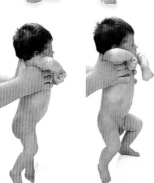

Reflejo de apoyo
Es muy similar al reflejo de marcha. Si se sostiene al bebé y se deja que la parte frontal de la pierna toque el borde de una superficie, levanta el pie y pisa el borde. El mismo reflejo se da en el brazo: si la parte posterior del antebrazo toca el borde de una superficie, levanta el brazo como para asirla.

"Gateo"
Si se pone al bebé boca abajo, inmediatamente adopta lo que parece ser una posición de gateo, con la pelvis alta y las rodillas flexionadas bajo el vientre. Al mover las piernas, puede arrastrarse en una suerte de "gateo". Sin embargo, no es un verdadero gateo; el reflejo desaparecerá cuando pueda extender las piernas y acostarse sin flexionarlas.

El bebé adopta una posición de "gateo" cuando se lo pone boca abajo.

LAS NIÑAS RECIÉN NACIDAS

Desde el preciso instante en que nacen, las niñas demuestran rasgos típicos de comportamiento femenino.

• *Su audición es muy aguda; el tono de voz suave las calma mucho más fácilmente que a los niños.*

• *Si una niña oye llorar a otro bebé, llora más tiempo que el que lo haría un niño.*

• *Usan su voz para llamar la atención de su madre con mucha más frecuencia que los niños.*

• *No tienen dificultad para localizar el origen de un sonido.*

• *Reaccionan con entusiasmo a la estimulación visual desde el mismo instante en que nacen.*

• *Están interesadas en todo lo que salga de lo habitual.*

• *Prefieren el rostro humano a casi todo lo demás. En el futuro, esta característica señala una habilidad intuitiva para interpretar la expresión facial, sin importar las diferencias culturales.*

EL LLANTO: CÓMO MANEJAR LA SITUACIÓN

Dé por sentado que su bebé llorará mucho y que será una agradable sorpresa si no lo hace. Si presupone que no llorará, se sentirá abrumada y desorientada cuando su bebé llore.

Recuerde que un recién nacido sólo puede estar de tres maneras: dormido, despierto y tranquilo, o despierto y llorando. Hay numerosas razones por las que un bebé llora; las más probables son cansancio, hambre, soledad e incomodidad (porque tiene demasiado calor o demasiado frío, está en una posición incómoda o necesita un cambio de pañales). Sin embargo, tendrá que aceptar que a veces los bebés lloran sin ninguna razón aparente. Este tipo de llanto puede ser el más estresante para una madre o un padre.

Responda al llanto Dejar llorar a un niño nunca es bueno, por más que muchas veces se oiga decir lo contrario. Si a un bebé se lo priva de atención y afecto en sus primeras semanas y meses, es probable que en el futuro sea retraído y tímido. Diversas investigaciones sobre recién nacidos señalan que los bebés cuyos padres demoran en atender el llanto de su bebé suelen llorar más que los demás. Un estudio demostró que los bebés cuyo llanto fue ignorado en las primeras semanas de vida solían llorar con más frecuencia y persistencia conforme crecían.

Para muchos, brindar amor y atención es sinónimo de "malcriar". En mi opinión, es imposible "malcriar" a un bebé. A un niño de seis meses que es atendido, sostenido en brazos, mimado, cuidado con amor y al que se le habla con cariño y se le brinda seguridad no se le está enseñando a llamar la atención de los demás, sino a amar y cultivar relaciones humanas, una de las lecciones más importantes que un niño puede aprender para su futuro desarrollo emocional y psicológico. Lo que mucha gente llama "malcriar" es en verdad la reacción natural de una madre ante la intranquilidad de su hijo y las necesidades naturales de ese niño.

PATRONES Y REQUERIMIENTOS DE SUEÑO

Una vez que lleve a casa al bebé, usted pasará algunas noches sin dormir a menos que sea muy afortunada. Si bien la mayoría de los recién nacidos duerme cuando no se está alimentando –pasan por lo menos un 60 por ciento del tiempo dormidos– algunos siguen activos y alertas por períodos sorprendentemente largos durante el día y la noche.

Cierta joven madre estaba conmocionada porque su bebé nunca dormía más de una o dos horas seguidas; esto se prolongó hasta los cuatro meses. Sin duda, es demasiado tiempo para que una madre esté sin poder dormir de noche, sobre todo cuando tanto descanso necesita tras un embarazo y un parto agotadores. Si su bebé duerme poco, consuélese sabiendo que, en tanto él no se aburra, cada minuto de vigilia estará aprendiendo algo nuevo y, a la larga, se verá gratificada al tener a un niño brillante y con ganas de aprender.

Todos los bebés son diferentes, y sus requerimientos de sueño dependen de sus características individuales. Por esa razón, no tiene sentido establecer horarios rígidos para dormir sobre la base del bebé "promedio"; ese bebé sencillamente no existe.

La mayoría de los recién nacidos se quedan dormidos después de comer. Al principio, el tiempo que pasa despierto depende de cuánto alimento necesita, que a su vez depende de su peso.

LOS SONIDOS DEL BEBÉ

Dormido o despierto, el bebé emite una variedad de sonidos extraños, pero es completamente normal. En general, se deben a la inmadurez del sistema respiratorio y pronto el niño deja de hacerlos.

Ronquidos Su niño tal vez haga algunos ruidos similares a ronquidos cuando esté dormido. Pero no son ronquidos verdaderos; probablemente sean causados por vibraciones en el velo del paladar al respirar.

Inhalación fuerte Los bebés a veces hacen tanto ruido al inspirar que parecen estar resfriados o tener un catarro. En general, esos ruidos no indican ningún trastorno y se producen por la entrada de aire a través de las fosas nasales, que son estrechas y cortas debido al pequeño tabique nasal. Conforme crezca el bebé, el tabique de la nariz aumentará de tamaño y ese tipo de sonidos desaparecerá gradualmente.

Estornudos Quizá llegue a pensar que el niño está resfriado porque estornuda mucho. En realidad, estornudar es común en los recién nacidos, sobre todo cuando abren los ojos y están expuestos a luz intensa. Esos estornudos pueden ser beneficiosos, pues ayudan a desobstruir los conductos nasales del bebé.

Hipo Los recién nacidos tienen mucho hipo, en particular después de comer. Esto conduce a que algunas madres teman que su bebé tiene una indigestión, pero raramente es así. El hipo se debe al control imperfecto del diafragma (músculo que separa el pecho del abdomen) y desaparecerá a medida que madure el control del diafragma.

LOS NIÑOS RECIÉN NACIDOS

Tan pronto como nacen, los niños manifiestan características de comportamiento masculino, algunas de las cuales permanecerán durante toda su vida.

• *La audición es menos aguda que en las niñas, por lo tanto es más difícil calmarlos.*

• *Si un niño recién nacido oye llorar a otro bebé, se unirá a él pero dejará de llorar enseguida.*

• *Los niños no emiten sonidos de inmediato cuando escuchan la voz de su madre. Esta reacción demorada permanece toda la vida.*

• *Les resulta difícil localizar el origen de los sonidos.*

• *Necesitan más estimulación visual que las niñas. Pierden rápidamente el interés por una figura o imagen, y están atrasados con respecto a las niñas en maduración visual hasta los siete meses.*

• *Se interesan por las diferencias entre los objetos.*

• *Son más activos, y les interesan tanto los objetos como las personas.*

• *Quieren tocar y degustar todo, y mueven los objetos más que las niñas.*

LA PUNTUACIÓN APGAR

Inmediatamente después del parto, a su bebé se le hacen cinco pruebas rápidas para evaluar su salud. A cada prueba se da una puntuación de 0, 1 o 2. Un total de 7 significa que el estado del bebé es bueno. Un total menor indica que tal vez necesite reanimación. Casi todos los bebés que obtienen una puntuación baja muestran mejoras cuando se los evalúa en una segunda prueba, unos minutos después. Las pruebas son las siguientes:

Aspecto El color general rosado de la piel indica que los pulmones están funcionando bien.

Pulso Revela un ritmo cardiaco fuerte y regular.

Expresiones/llanto Las expresiones faciales y las reacciones indican si responde bien a los estímulos.

Actividad El movimiento de las extremidades confirma el tono muscular.

Respiración Permite determinar el estado de los pulmones.

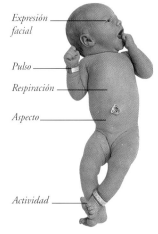

Expresión facial

Pulso

Respiración

Aspecto

Actividad

Evaluación del recién nacido
El bebé es controlado para determinar el estado de los pulmones y el corazón, y su respuesta a los estímulos.

LA SALUD DEL RECIÉN NACIDO

Independientemente de que usted haya dado a luz en un hospital o en su casa, el médico o la comadrona dará a su bebé atención especializada continua hasta que su respiración sea bien estable. Trata de identificar problemas serios en pocos minutos a fin de brindarle los cuidados especiales necesarios cuanto antes. Inmediatamente después del parto, el doctor o la comadrona evalúa al bebé con la puntuación Apgar *(véase a la izquierda)* y luego lo examina para determinar su estado general. La clase de exámenes que realiza el médico incluyen:

• Controlar la normalidad de los rasgos faciales y de las proporciones del cuerpo.

• Revisar la espalda para verificar que la columna sea normal y no tenga espina bífida (anomalía en la cual los recubrimientos del cerebro y la médula espinal están expuestos).

• Examinar el ano, las piernas y los dedos.

• Registrar la cantidad de vasos sanguíneos del cordón umbilical (generalmente hay dos arterias y una vena).

• Pesarlo.

• Medir la circunferencia de la cabeza y la longitud del cuerpo.

• Tomar la temperatura rectal con un termómetro y darle calor si lo necesita.

Un médico o una comadrona experimentado puede hacer estos controles preliminares en menos de un minuto. Entonces usted podrá descansar tranquila, sabiendo que su bebé es normal y está sano.

EL SEGUNDO DÍA DE VIDA

Una vez llevados a cabo los primeros controles, y después de que usted haya tenido en brazos y amamantado al bebé tanto como usted y su marido lo deseen, envolverán al niño con una manta y lo pondrán en una cuna para mantenerlo tibio. Veinticuatro horas después le harán un control exhaustivo para verificar que todo esté bien; entonces su bebé ya estará más tranquilo. Pida al personal del hospital que le avisen antes de que el médico realice el examen para que usted pueda presenciarlo. Esto le dará oportunidad para hacerle preguntas y comentarle las inquietudes que pueda tener en ese momento.

Pondrán al bebé en una superficie plana, con buena luz y a una altura conveniente para el médico, que quizás esté sentado. Si usted no puede levantarse, puede pedir que el examen se realice junto a su cama, y si no puede presenciarlo por alguna razón, procure conseguir los resultados. Generalmente el médico comenzará examinando la parte superior del la cabeza y continuará hacia abajo hasta terminar en los dedos de los pies.

Cabeza y cuello El médico controla los huesos del cráneo y las fontanelas *(véase p. 12)*, y también cualquier deformación producida durante el pasaje por el canal de parto. Revisa los ojos, orejas y nariz; examina la boca a fin de detectar una fisura en el paladar u otra anomalía, incluso la existencia de dientes (es rara pero posible); y revisa el cuello para comprobar que no haya quistes o inflamación.

Pecho y corazón Con un estetoscopio ausculta el corazón y los pulmones, que deben estar expandidos y funcionando normalmente. Al nacer, como la circulación del bebé se vuelve independiente, el corazón debe trabajar más y produce sonidos que se escuchan como un soplo cardiaco. Por lo general desaparecen espontáneamente al poco tiempo. En controles posteriores se vuelve a auscultar el corazón a fin de determinar si el soplo cardiaco persiste.

Brazos y manos El doctor toma el pulso en un brazo, controla la normalidad y la fuerza de los movimientos, y examina los pliegues de los dedos y las líneas de las manos. Casi todos los bebés tienen dos líneas principales en cada palma; si hay una sola, tratará de detectar otras posibles anomalías físicas.

Abdomen y genitales Palpa el vientre para controlar el tamaño y la forma del hígado y del bazo (su tamaño puede estar un poco aumentado en los recién nacidos). Luego comprueba que hayan descendido ambos testículos, o bien que los labios vaginales no estén unidos y el clítoris tenga un tamaño normal. También revisa la espina dorsal y el ano para detectar anomalías congénitas.

Cadera, piernas y pies El médico sostiene ambos muslos y flexiona las piernas a fin de determinar si la cabeza del fémur no es sólida o está fuera de la articulación, lo que indicaría dislocación de cadera congénita (este control no es doloroso para el bebé, pero muchas veces les hace llorar). Luego examina las piernas y pies para verificar que tengan el mismo tamaño y longitud. Si el tobillo aún permanece arqueado hacia adentro, como lo estaba dentro del útero, posiblemente el bebé tenga pie deforme. Esto puede tratarse con manipulación y posiblemente escayola/yeso.

Nervios y músculos El doctor palpa las extremidades para comprobar que no estén demasiado rígidos o flexibles, lo que indica el estado de los nervios y músculos. También verifica que tenga los reflejos normales de un recién nacido *(véanse pp. 16 y 17)* y observa cómo controla la cabeza.

ICTERICIA

No es una enfermedad; en la mayoría de los casos no es peligrosa.

La ictericia suele producirse a los tres días de vida. Es causada por la rotura de los glóbulos rojos poco después del nacimiento, lo que origina el exceso de un pigmento (bilirrubina) en la sangre. Ese pigmento da a la piel del bebé un tono amarillento.

Los recién nacidos no pueden excretar la bilirrubina con bastante rapidez para evitar la ictericia; sólo pueden hacerlo cuando el hígado está más desarrollado, aproximadamente a la semana. El tratamiento generalmente consiste en un breve período (unas 12 horas) de exposición a la luz ultravioleta, pero incluso sin ese tratamiento, el desorden desaparece espontáneamente en una semana.

Si la madre y el niño tienen grupos de sangre incompatibles (generalmente una madre Rh negativa con un bebé Rh positivo) puede producirse un tipo más agudo de ictericia; requiere tratamiento durante los primeros dos días. Si se determina que su grupo de sanguíneo es incompatible con el de su hijo, todo el personal médico tomará medidas preventivas antes de que usted dé a luz.

Otras causas de ictericia, menos comunes, son la hepatitis y la atresia biliar (una rara malformación caracterizada por la falta de desarrollo del conducto biliar del bebé).

SU MARIDO

En muchos casos, cuando una madre llega a casa con el recién nacido, su principal ayuda es su marido. Algunos hombres participan de inmediato en el cuidado de su mujer y su hijo, pero otros no lo hacen; en ese caso es preciso que cambien de actitud.

En esos momentos, lo que usted más necesita de él es comprensión, apoyo y predisposición a dejar un poco de lado sus propias ocupaciones para dedicarse a usted y al niño. Es bueno conversar sobre este tema antes de que el bebé nazca; de lo contrario, al hombre puede resultarle difícil adaptarse; además quizá se sienta olvidado, incompetente, y privado del amor y la atención que usted antes le brindaba.
Tal vez sea conveniente que dividan los quehaceres entre los dos. Por ejemplo, su marido podría ocuparse de la limpieza, la compra y el lavado de la ropa, permitiendo que usted se dedique al cuidado del bebé y al suyo propio; o bien, sencillamente podrían compartir a medias todas las tareas domésticas y del cuidado del bebé.

ARREGLOS PARA EL CUIDADO DEL BEBÉ

Durante las últimas semanas de embarazo, es conveniente que usted y su marido conversen y planifiquen acerca de cómo se encargarán de la rutina doméstica después de que nazca el bebé. Si él puede y desea tomar parte activa (o si puede ser animado a que lo haga), usted podrá arreglárselas sin mayor dificultad; de lo contrario, considere la ayuda de otra persona, sobre todo en las primeras semanas.

Los primeros días serán más difíciles de lo que supone. El proceso del parto es física y emocionalmente agotador, usted tendrá poca energía y se sentirá muy cansada. Una vez que llegue del hospital con el bebé, advertirá que tendrá que realizar una tarea inmediatamente después de otra sin poder tomarse un respiro, y en medio de tanta actividad, estará aprendiendo a ser madre. Aunque haya leído innumerables libros sobre el tema, descubrirá que su bebé no se ajusta a ningún horario ni planificación típica, y que su vida tendrá que adaptarse a la rutina de su niño. Es un error tratar de adecuar los hábitos de su hijo a los suyos, pues así tendrá aún más trabajo. En cuanto a sus horas de sueño, procure dormir cada vez que pueda: los recién nacidos no diferencian entre el día y la noche, y necesitan atención en todo momento.

Durante las primeras semanas, trate de que alguien se ocupe de todos los quehaceres domésticos o simplemente reduzca ese trabajo al mínimo indispensable hasta acostumbrarse a los horarios naturales de su bebé.

Mire al bebé mientras le da el biberón

Compartir el grato momento de alimentarlo
Si usted amamanta a su hijo, extraiga un poco de su leche y póngala en un biberón *(véanse pp. 42 a 43)* para que también el padre tenga el placer de alimentar al niño.

A QUIÉNES RECURRIR

A menos que usted quiera sentirse sumamente agotada, incluso deprimida y con ganas de llorar, necesitará una persona que le ayude con todo el trabajo de los primeros días, o preferentemente de las dos primeras semanas. No tenga demasiado orgullo para pedir o aceptar ayuda; de lo contrario, es probable que lo lamente. Tener una persona que colabore con usted no significa en absoluto que usted sea una madre incompetente. La mejor solución es que esa persona viva un tiempo en la casa a fin de poder turnarse. De esa forma, al menos podrá descansar lo suficiente y prestar debida atención a su dieta.

Familiares y amigas En lo que respecta al cuidado del bebé, las personas de mayor confianza probablemente sean su madre y su suegra. Ellas ya han tenido hijos propios, tuvieron experiencia en cuidar niños y además pueden brindarle valioso apoyo y consejo. Es conveniente que pida a una de ellas (o a una hermana, una amiga u otra persona de su familia) que se mude a su casa cuando sea la fecha aproximada del parto. De esa forma, ella podrá familiarizarse con la rutina diaria, con su familia y con su marido, y estará preparada para recibirla y ayudarla cuando usted llegue del hospital con el bebé.

Esa clase de ayuda es invalorable. Usted tendrá la tranquilidad de que en su casa todo continuará normalmente, y ella le quitará un peso de los hombros al encargarse de administrar las comidas, el lavado de la ropa, la compra y demás. A su vez, aliviará la carga de responsabilidad que tendrá su marido y ambos podrán dedicar más tiempo al niño. Además, si esa persona tuvo hijos, podrá ser una fuente de información y consejo.

Niñeras Si opta por tener una niñera, procure hacer que se establezca en su casa antes del nacimiento del bebé. De esa forma tendrán más tiempo para conocerse, crearán una relación de comunicación (o quizá no; puede darse el caso) y notará si se llevarán bien o no. La llegada del bebé a casa es algo traumático, por lo tanto es importante que la persona que la va a ayudar se adapte a su rutina y a su modo de vida. Además, usted debe tener confianza en la capacidad de esa persona y aceptar que se relacione con su hijo.

NIÑERAS

Si usted desea una ayudante sin retiro y a corto plazo, considere la posibilidad de contratar a una niñera. Se establecerá en su casa apenas antes o después de que nazca el bebé y la ayudará a cuidarlo.

Además de ayudar a atender al niño, las niñeras son expertas consejeras. Enseñan todo lo relacionado con el cuidado diario que requiere el bebé: cambiar pañales, darle el pecho o el biberón, saber cuándo está satisfecho y separarlo con cuidado del pecho a fin de evitar irritación o grietas en los pezones, por ejemplo.
Ambas deben llegar a un acuerdo acerca del tipo de ayuda que usted querría tener. Por ejemplo, tal vez usted desee dormir toda la noche sin interrupción, en cuyo caso ella trabajaría en horario nocturno hasta las 7 de la mañana, digamos, y por la tarde se encargaría del lavado de la ropa del bebé, de preparar el biberón, de asear el cuarto del niño y de atender los requerimientos del bebé, incluso algunos suyos.
En algunos países, las niñeras trabajan hasta un mes, pero si usted está en condiciones de costearlo, tal vez pueda convenir con ella una estadía más prolongada. Contratar su servicio es caro, pero es una buena forma de comenzar si usted no cuenta con otra persona que le ayude.

La mejor manera de contratar a una niñera es por recomendación de alguien de su confianza. Otra buena forma es a través de una agencia responsable. Si no confía en ninguna, le recomiendo ponerse en contacto con el organismo oficial de servicio de empleos de la zona donde viva. Las agencias "de alto nivel" no necesariamente son las mejores, y cobran mucho más que el resto.

Otra opción es publicar un anuncio clasificado. Pero sin importar qué medio utilice, es fundamental que la entreviste una o dos veces antes de contratarla. Por ejemplo, la primera vez puede tener una entrevista formal, y la segunda, una charla más distendida, tomando té o tal vez yendo de compras juntas. De ese modo conocerá más sobre ella, tendrá una idea más cabal sobre su personalidad y finalmente podrá evaluar si se llevarán bien o no.

Prepare algún tipo de contrato de empleo que contemple los aspectos más importantes del trabajo, incluidos los enfoques y actitudes requeridos. Especifique en detalle todas las tareas y deje bien en claro que podrá despedirla si no sigue sus indicaciones. La niñera deberá estar preparada para adecuar el estilo de trabajo al suyo, pero no tendría sentido contratar a una persona que impone una disciplina estricta si usted desea criar a sus hijos de un modo liberal y tolerante. Sin embargo, dado que sólo usted sabe exactamente cómo desea que traten a su hijo, será necesario aclararle cada una de sus preferencias y desagrados (por más triviales que parezcan).

Chicas *au pair* En los países europeos es común esta modalidad. Son jóvenes extranjeras (o a veces son del sexo masculino) que ayudan a cuidar al bebé a cambio de alojamiento, comida y un pequeño salario. Cobran menos que una niñera, pero tenga en cuenta que muy probablemente no tengan experiencia con el cuidado de bebés y no hablen bien su idioma.

EL TRATO CORPORAL Y EL BIENESTAR

En las primeras semanas de vida, su bebé probablemente le parezca muy indefenso. Esa sensación es normal: muchos padres se preocupan al tomar a sus recién nacidos temiendo hacerles daño. A los niños les hace bien el contacto físico –de hecho, esa necesidad nunca desaparece–; por lo tanto, tome a su hijo con confianza, por el bien de él y suyo.

CÓMO
ACOSTARLO

Los tres primeros meses, siempre acueste al bebé de espaldas.

Investigaciones recientes han demostrado que los bebés que duermen boca abajo corren mayor riesgo de padecer muerte en la cuna que los que duermen de espaldas, y gracias a las campañas publicitarias realizadas en el Reino Unido sobre la base de esas investigaciones, hubo una reducción de casi el 50 por ciento de casos en cinco años.

TOMAR Y SOSTENER AL BEBÉ

Los recién nacidos parecen muy frágiles y vulnerables, pero son mucho más fuertes de lo que uno imagina. Recuérdelo siempre, porque así podrá transmitir confianza y seguridad a su hijo. Tanto para la comodidad del niño como para la tranquilidad de usted, siempre debe tomarlo con soltura y confianza al bañarlo, vestirlo y alimentarlo.

CÓMO TOMAR AL BEBÉ

Cuando deba tomar a su hijo, hágalo en forma lenta, suave y tranquila. Notará que instintivamente acerca el niño a su cuerpo, lo mira a los ojos y le habla con dulzura. Como es lógico, se ha comprobado que a todos los niños les hace bien el contacto físico estrecho, sobre todo cuando pueden oír los latidos del corazón, sonido tan familiar para ellos. Por ejemplo, los bebés prematuros aumentan más de peso cuando están sobre sábanas afelpadas –que les dan la sensación de ser acariciados– que cuando están sobre las comunes. Su niño se sentirá cómodo con todo tipo de contacto piel a piel, pero la mejor manera es ponerlo entre usted y su marido cuando ambos están acostados desnudos, a fin de que el bebé huela y sienta la piel y los latidos del corazón. De esa forma, también se familiarizará con el olor de la piel del padre.

CÓMO ALZAR AL BEBÉ

Levante al bebé
Ponga una mano debajo la nuca, y la otra debajo de la espalda y las nalgas, a fin de sostenerlo con seguridad. Levántelo con suavidad y lentitud, y acomódelo en los brazos.

Cuando deba alzar o acostar al bebé, siempre sosténgale la cabeza, pues no puede controlarla bien antes de las cuatro semanas. Si la cabeza cae hacia atrás, él sentirá como si se fuera a caer: agitará el cuerpo sobresaltado y abrirá los brazos y las piernas, manifestando el reflejo de Moro (*véase p. 16*).

Cuando deba acostarlo o alzarlo, ponga su brazo detrás de la espalda, el cuello y la cabeza. Envolverlo con una manta también lo hace sentir seguro, y es un buen método para calmarlo. Hágalo de modo que le sostenga bien la cabeza y los brazos estén junto al cuerpo. Una vez que lo haya acostado en la cuna, quite la manta con suavidad.

DOS FORMAS DE SOSTENER AL BEBÉ

Con la parte interna del codo, apenas inclinado hacia fuera, sostenga la cabeza; con el brazo, sostenga el resto del cuerpo, rodeándolo con la mano y la muñeca. Con el otro brazo sostenga las nalgas y las piernas. En esta posición, el bebé puede verla cuando usted le habla y le sonríe.

O bien, ponga al bebé contra su pecho, con la cabeza cerca del hombro. Apoye la espalda de él en el antebrazo y con la otra mano sosténgale la cabeza. Con la mano libre sostenga las nalgas, ayudando al equilibrio. Al principio, su sentido de equilibrio cambiará, hasta que se acostumbre a llevar al niño.

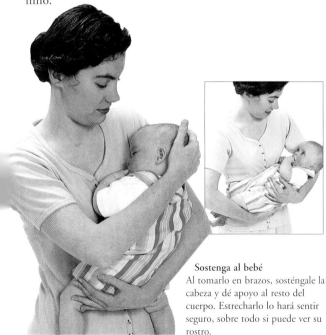

Sostenga al bebé
Al tomarlo en brazos, sosténgale la cabeza y dé apoyo al resto del cuerpo. Estrecharlo lo hará sentir seguro, sobre todo si puede ver su rostro.

LLEVAR AL BEBÉ EN UN "CANGURO"

Una buena manera de llevar a los recién nacidos es en un "canguro" de tela ligera, sobre el pecho; así, el niño está junto a usted y se siente seguro.

• *Opte por uno de tela lavable, pues inevitablemente se ensuciará bastante con el uso.*

• *Debe ser fácil de colocar y cómodo para ambos padres. Pruébelo con el bebé antes de comprarlo.*

• *El "canguro" tiene que sostener bien la cabeza y el cuello del bebé, y también ser seguro; debe impedirle al bebé deslizarse por el costado.*

• *Las correas que van en los hombros deben ser lo bastante anchas para soportar el peso del bebé, que irá en aumento.*

• *Se dice que no se debe llevar a los bebés en "canguros" antes de que puedan sostener la cabeza. No es verdad. Puede comenzar tan pronto como usted y su bebé se sientan cómodos con su uso.*

*El masaje es una actividad
placentera y beneficiosa con
ventajas para usted, su marido
y su niño.*

• *Masajear al recién nacido
contribuye a mejorar el proceso de
creación de un vínculo entre usted y
el bebé.*

• *Si usted se siente insegura o ha
tenido poca experiencia con niños,
con el masaje se acostumbrará a
tomar con más confianza a su bebé.*

• *El masaje es la forma ideal de
tranquilizar a un bebé inquieto;
sus efectos relajantes también
pueden calmarla a usted.*

• *Masajear la delicada y suave piel
del niño será una experiencia muy
grata para ambos padres.*

MASAJE PARA EL BEBÉ

El masaje tiene para el niño los mismos beneficios que para un adulto; es tranquilizador, puede calmar a un bebé inquieto y es una maravillosa manera de demostrar amor. Si masajea a su hijo todos los días, él reconocerá el hábito y mostrará placer cuando usted comience. Puede seguir con los masajes conforme crezca el niño; muchas veces es la forma ideal de calmar y tranquilizar a un pequeño muy movedizo.

Prepare un ambiente relajado antes de comenzar. Como será una experiencia nueva para el niño, toda distracción podrá alterar su estado de ánimo, por lo tanto hágalo cuando no haya nadie en la casa y desconecte el teléfono. La temperatura ambiente debe ser agradable y tibia. Ponga al niño sobre una toalla tibia o en el regazo. Comience por la cabeza y prosiga hacia abajo, siempre con movimientos suaves y uniformes; no olvide masajear ambos costados en forma simétrica. Haga contacto visual con él durante todo el masaje, y háblele en un tono suave, dulce y cariñoso.

CÓMO DAR UN MASAJE

Cabeza y cara
Con movimientos circulares, masajee suavemente la coronilla y luego los costados de la cara. Prosiga con la frente, trabajando desde el centro hacia fuera; después con las cejas y las mejillas, y por último con las orejas.

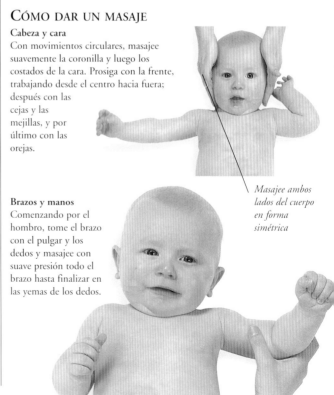

*Masajee ambos
lados del cuerpo
en forma
simétrica*

Brazos y manos
Comenzando por el hombro, tome el brazo con el pulgar y los dedos y masajee con suave presión todo el brazo hasta finalizar en las yemas de los dedos.

Cuello y hombros
Masajee suavemente el cuello del bebé, desde las orejas hasta los hombros, y desde la barbilla hasta el pecho. Luego acaricie los hombros desde el cuello hacia afuera.

Pecho y vientre

Aplique un masaje suave en el pecho y prosiga hacia abajo, siguiendo con los dedos las delicadas curvas de las costillas. Luego haga movimientos circulares en sentido horario sobre el vientre, desde el ombligo hacia fuera.

BENEFICIOS PARA EL BEBÉ

Su niño disfrutará mucho con los placeres y sensaciones producidos por un cariñoso masaje.

• *A su hijo le encanta estar con usted, y el contacto estrecho que permite el masaje contribuye a eso; él lo tomará como una clara expresión de amor de parte suya.*

• *Si está inquieto, el suave contacto de su mano lo tranquilizará, lo hará sentir seguro y calmará su ansiedad.*

• *En ocasiones, el masaje alivia molestias digestivas leves; por ejemplo, los gases, que pueden poner molesto al niño.*

• *Los bebés necesitan contacto físico; las investigaciones han demostrado que prefieren las caricias antes que el alimento.*

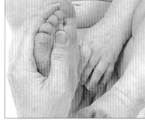

Pies y dedos

Comience por los tobillos y siga con los pies, desde el talón hacia los dedos, masajeando cada uno por separado. Finalice con masajes largos y ligeros, hacia arriba y hacia abajo, a lo largo de todo el cuerpo (hágalo con suavidad en la zona del ombligo y el vientre).

Piernas y tobillos

Masajee las piernas desde los muslos hacia las rodillas. Luego haga movimientos descendentes en las espinillas/canillas y continúe con la pantorrilla y los tobillos, trabajando suavemente hacia abajo.

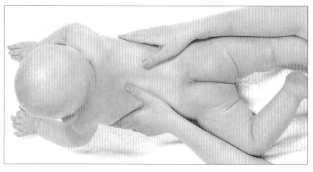

Espalda

Después de masajear todo el frente, póngalo boca abajo y dé masajes suaves en la espalda.

EL LLANTO DE LAS NIÑAS Y LOS NIÑOS

El llanto de las niñas se diferencia del de los niños por la causa, la duración y la manera de reaccionar a los intentos de la madre por calmarlos.
• *Los primeros días de vida, las niñas son menos susceptibles a las tensiones que los niños y tienen menos tendencia a llorar por esa causa.*
• *En general, las niñas lloran menos que los niños ante situaciones nuevas; los niños necesitan más tiempo para adaptarse.*
• *Las madres suelen dar más atención a las niñas que lloran mucho.*
• *Los niños lloran con más facilidad que las niñas cuando no reciben inmediata atención y cariño de sus padres.*
• *Los niños que lloran mucho no suelen reciben tanta atención extra; equivocadamente, las madres quieren que se hagan más "duros".*

Buena comunicación
La única manera que tiene el bebé para expresar sus necesidades es el llanto, así que siempre responda a él.

EL LLANTO Y EL CONSUELO

Todos los bebés lloran mucho, y el suyo seguramente lo hará; esté preparada para eso. Muchas veces las razones son obvias: tiene hambre, mucho calor, mucho frío, está aburrido, se siente incómodo porque tiene los pañales sucios, o sencillamente necesita su afecto y su contacto. Una de las causas de llanto que los padres suelen pasar por alto es el sueño. Aún recuerdo bien cuando trataba de consolar a mi hijo recién nacido intentando todas las maneras posibles, antes de que se me ocurriera que sencillamente deseaba quedarse tranquilo y dormir.

Los bebés de muy pocas semanas lloran cuando están molestos, cuando se los sostiene mal –por ejemplo, a la hora del baño– o cuando se asustan debido a un ruido fuerte, a una luz intensa o cuando creen que se van a caer. Un niño de dos semanas siempre responde bien ante la seguridad de estar cómodamente envuelto en una manta tibia, o en brazos fuertes y seguros. Una vez descubierta la causa, no se preocupe demasiado por el llanto: es prácticamente la única manera en que su hijo puede comunicarle sus necesidades.

Los distintos tipos de llanto En pocas semanas aprenderá a distinguir los diversos tipos de llanto que significan que su niño tiene hambre, protesta porque está aburrido, desea que lo pongan a dormir o simplemente quiere estar en brazos. Su bebé también está aprendiendo a comunicarse con usted. Llora porque necesita algo y usted debe responder al llanto proporcionándole lo que necesita.

LA ATENCIÓN DEL LLANTO

En mi opinión, hay que atender casi de inmediato el llanto del bebé. Si no recibe atención, su bebé se sentirá como podría sentirse usted si fuera excluida de una conversación. Se han realizado numerosas investigaciones que demuestran la influencia que tienen en el bebé las distintas maneras de reaccionar de las madres ante el llanto. Por ejemplo, los niños cuya madres responden rápido al llanto probablemente tengan una mayor capacidad de comunicación, incluidos el habla y el comportamiento extrovertido. Los bebés desatendidos suelen llorar con más frecuencia y durante más tiempo en el primer año que los demás niños. Aparentemente, esas madres hacen que sus hijos establezcan un patrón de llanto frecuente y sostenido porque no los atienden, y se crea un círculo vicioso en el cual el bebé llora, la madre no lo atiende, el bebé llora más y la madre se siente aun menos inclinada a atenderlo. Responder al llanto estimula la confianza en sí mismo y la autoestima en la vida futura del niño. Algunas madres creen que atender a sus hijos equivale a "malcriarlos". Un bebé pequeño tiene una capacidad ilimitada para recibir amor: no hay manera posible de malcriar a un bebé mediante la atención durante el primer año de vida.

ACCESOS DE LLANTO

Casi todos los bebés tienen ataques de llanto. Generalmente ocurren a últimas horas de la tarde o temprano por la noche y duran hasta media hora. Si el niño padece cólico *(véase p. 33)* puede llorar hasta dos horas. Tiempo atrás, muchas madres creían que el llanto era un ejercicio necesario para que el niño desarrollara y fortaleciera los pulmones, y por lo tanto lo dejaban llorar. Eso es absurdo; siempre se debe intentar consolar al pequeño cuando tiene un acceso de llanto.

El patrón de accesos de llanto, una vez establecido por el niño, puede prolongarse durante varias semanas. Su causa es comprensible, pues significa que el bebé se está adaptando a un mundo muy diferente del que conocía dentro del útero. Cuanto mejor responda al llanto y maneje la situación, tanto más se adecuará el niño a su nuevo modo de vida; cuanto antes usted se acostumbre a sus gustos y desagrados, tanto antes desaparecerán los accesos de llanto.

LLANTO NOCTURNO

Sin duda, a todos los padres les resulta difícil vérselas con el llanto, sobre todo cuando ocurre por la noche. No se sienta frustrada si el niño no se calma con sus intentos. Si mecerlo, cantarle una nana o arrullarlo no resulta, pruebe con llevarlo a dar un paseo breve en coche; el suave movimiento probablemente le haga dormir. Si su hijo llora durante la noche, usted seguramente se impacientará, al menos, o intentará todo cuanto se le ocurra para que deje de llorar. Es muy normal sentirse así, por lo tanto no se atemorice ni se angustie, de lo contrario el llanto será más persistente. Recuerdo que cuando uno de mis hijos –que entonces tenía cinco días– cierta noche lloraba sin cesar, llegó a cruzar por mi mente la idea de que si lo arrojaba contra la pared, dejaría de llorar. No lo hice, claro está, pero es completamente normal que a uno se le ocurran esas cosas; lo que no es normal es llevarlas a la práctica.

QUÉ HACER SI SU HIJO LLORA MUCHO

Según las investigaciones, es posible que un niño siga llorando a pesar de los mejores esfuerzos de su madre por consolarlo.

• *Los bebés cuyas madres recibieron anestesia general durante el parto, o que nacieron con fórceps, suelen llorar más durante las primeras semanas de vida.*

• *Los bebés que tuvieron un parto prolongado generalmente duermen por períodos cortos, y lloran mucho cuando están despiertos.*

• *Si usted está tensa, irritable e impaciente, sin duda transmitirá su estado de ánimo al bebé, que lo percibirá y llorará.*

• *Existen diferencias según la raza. Por ejemplo, los bebés estadounidenses de ascendencia europea lloran más que los de ascendencia china, incluso cuando reciben el mismo cuidado y atención.*

CHUPETES

Los niños nacen con un reflejo de succión. Sin él, no podrían alimentarse en forma natural. En mi opinión, es importante permitir que los bebés satisfagan su deseo de succionar.

A algunos les gusta succionar más que a otros; uno de mis hijos quería hacerlo siempre, tuviese hambre o no. Se les puede poner suavemente el pequeño pulgar en la boca para que succionen, como yo solía hacer con mis cuatro hijos. Pero tampoco considero perjudicial el uso del chupete, aunque los bebés de muy poca edad a veces no lo aceptan enseguida.

Cuando el bebé tiene pocos días o semanas, los chupetes se deben esterilizar de la misma forma que los biberones y tetinas (véase p. 47). *Después del destete, cuando el niño comienza a usar las manos para comer solo, esterilizar los chupetes ya no tiene sentido; basta con lavarlos y enjuagarlos bien.*

Tenga varios chupetes para que el niño siempre tenga uno limpio cuando el que está en uso se ensucie o rompa. Descarte los que están muy gastados o rotos.

CÓMO TRANQUILIZAR AL BEBÉ

Existen muy diversas maneras para calmar a un niño, que usted podrá intentar cuando su hijo llore. Por lo general, los bebés responden al movimiento, al sonido o a ambas cosas; es por eso que el movimiento de un vehículo y el sonido constante del motor casi siempre los calman. Si su hijo sigue inquieto tras haber intentado usted todo lo posible para tranquilizarlo, incluya en su repertorio algunas de las posibles soluciones (o todas) que figuran a continuación (tal vez alguna sea relajante para usted también; esto beneficiará a ambos).

• Todo movimiento de balanceo, ya sea hamacándolo en brazos, en la cuna o junto a usted en una mecedora.
• Caminar o bailar haciendo énfasis en el movimiento rítmico, pues le recordará la época en que estaba dentro del útero.
• Movimientos muy suaves de "rebote" en brazos, en la cuna o en la cama.
• Ponerlo en un "canguro" *(véase p. 27)* y caminar o continuar con lo que usted estaba haciendo.
• Llevarlo a dar un paseo en coche o en el "canguro", incluso por la noche (puede llevar un teléfono móvil si lo cree conveniente).
• Música, siempre que sea tranquila, rítmica y a bajo volumen; se venden cintas o discos compactos grabados especialmente para ese fin.
• Un juguete sonoro que el bebé pueda sacudir.
• El sonido continuo de un aparato doméstico, por ejemplo, la lavadora.
• Cantarle una canción, sobre todo una nana.

Llanto durante el baño
Muchos bebés lloran cuando los bañan, sencillamente porque detestan tener la piel expuesta al aire.

¿QUÉ HACER CUANDO EL NIÑO LLORA?

CAUSA DE LLANTO	QUÉ PUEDE HACER
Hambre Es la causa más común. Por lo general, el llanto por hambre es el primero que aprende a reconocer la madre. Los bebés raramente lloran después de haberse alimentado; les gusta la sensación de tener el estómago lleno, más que estar en brazos o succionar.	Aliméntelo de acuerdo con sus necesidades. Si se trata de un bebé que siempre tiene ganas de succionar, no hay necesidad de alimentarlo; sólo ofrézcale un sorbo de agua hervida. Déle un chupete para que succione, sosteniéndolo en la boca si hace falta.
Cansancio Hasta que se acostumbran al mundo que los rodea, los niños lloran cuando están cansados. Las madres atentas aprenden a reconocer este tipo de llanto; generalmente, el niño se calma poniéndolo a dormir.	Acueste al bebé en un lugar tranquilo y a temperatura moderada. También puede resultar envolverlo con una manta antes de ponerlo a dormir.
Necesidad de contacto Algunos niños dejan de llorar de inmediato cuando se los alza, porque lo único que quieren es estar cómodos en brazos.	En cuanto comience a llorar, álcelo de inmediato. Envuélvalo con una manta o póngalo en el "canguro". Acuéstelo boca abajo sobre el regazo y déle un masaje en la espalda.
Susto Los movimientos bruscos, un ruido repentino, la luz intensa o los juegos físicos rudos pueden asustar al bebé.	Tome a su hijo en brazos y estréchelo contra usted, meciéndolo y cantándole. Evite todo lo que pueda asustarlo.
Cambiar de ropa Casi todos los niños detestan que les quiten la ropa, pues esto implica soportar movimientos incómodos y sentir el aire en la piel.	Las primeras semanas, desvista al niño lo estrictamente indispensable. Mientras lo haga, háblele con un tono tranquilizador.
Temperatura Lloran cuando tienen mucho calor o frío; también si el pañal sucio se enfría o le causa irritación.	Mantenga la temperatura del cuarto entre 20 y 22 °C. Quítele las mantas si tiene demasiado calor; y agregue una y póngale más ropa si tiene frío. Cambie el pañal si es necesario.
Dolor Puede deberse a una otitis, a un cólico *(véase a la derecha)* o a otra causa que les provoque dolor. Cuando les duele el oído, muchas veces se lo golpean con el puño.	Abrace y mime al niño con palabras tranquilizadoras. Mire si es posible eliminar la causa del dolor, por ejemplo, un alfiler en el pañal. Si parece estar enfermo, acuda al médico.

CÓLICO

El llanto producido por cólico (un tipo de dolor abdominal) puede distinguirse de los demás porque se asemeja más a un grito agudo; por lo general, el bebé tiene las piernas flexionadas sobre el vientre y la cara muy roja.

El cólico suele comenzar durante las tres primeras semanas de vida y su causa se desconoce. Los bebés que lo padecen son muy saludables y tienen un desarrollo normal.

Generalmente, el llanto provocado por el cólico empieza muy temprano –entre las 5 y las 6 de la mañana–, y pocas veces se calma con los medios usuales. Suele desaparecer a los tres o cuatro meses, casi nunca es serio y no necesita tratamiento; sin embargo, produce mucha tensión en los padres.

Se han sugerido toda clase de causas, que incluyen gases intestinales, constipación, sobrealimentación, mala nutrición, demasiado tiempo en brazos o muy poco tiempo en brazos, entre otros, pero el motivo más probable parece ser la tensión. Cuando usted está preocupada, puede transmitir esa angustia al bebé; es muy normal que él responda con un acceso de llanto.

Como es probable que los niños con cólico lloren todas las noches durante 12 semanas, personalmente estoy en contra del uso de medicamentos para evitar el llanto. Si su hijo tiene cólico, intente tranquilizarlo, pero no espere que se calme de inmediato. Recuerde que los accesos de llanto sólo se producen de noche y duran apenas tres meses, así que no se desmoralice.

SEA RECEPTIVA A LAS NECESIDADES DE SU HIJO

Usted debe aprender a interpretar las señales que le envía su niño y comprender sus requerimientos y deseos. No hacerlo, ya sea que el bebé le diga "Tengo hambre", "Estoy cansado" o "No tengo ganas de jugar, quiero dormir", puede ocasionar lágrimas. Una vez que haya interpretado el llanto de su hijo, debe atenderlo; de lo contrario es probable que llore con más intensidad aún y durante más tiempo. El llanto prolongado puede hacerlo sentir muy cansado, incluso agotado, y sumamente irritable; así le será difícil tranquilizarlo. Y más importante aun, aprenderá que se hace caso omiso a sus pedidos y que no recibe atención afectuosa cuando lo necesita.

Preste atención y sea receptiva a las necesidades de su hijo. Obsérvelo, escúchelo y ponga todo su empeño en interpretar el mensaje que expresa su comportamiento; entonces proceda a atenderlo de inmediato. Existen muchas clases de molestias que usted debe tener en cuenta. Por ejemplo, cuando el niño está resfriado, posiblemente se le congestione la nariz; esto le impedirá respirar y alimentarse al mismo tiempo; en consecuencia se sentirá frustrado, se enfadará y casi seguramente llorará.

A medida que usted y su hijo se conozcan, aprenderá a saber lo que él necesita. Si usted sabe que tiene hambre, por ejemplo, no se demore tratando de decidir si es mejor darle un baño antes sencillamente para ajustarse a la rutina; de vez en cuando tendrá que modificarla para atender el llanto de su bebé.

ALIMENTACIÓN Y NUTRICIÓN

Alimentar al niño es proporcionarle la nutrición que necesita.

Tenga en cuenta que, si bien la lactancia natural es lo mejor, su bebé crecerá

y se desarrollará bien aun cuando lo alimente con biberón.

No se sienta culpable ni piense que es una mala madre si toma esa decisión.

Recuerde principalmente que debe estar preparada, y que el amor

y el afecto que le brinda son tan importantes como el alimento.

LA LECHE, EL ALIMENTO PERFECTO

En los primeros meses de vida, su hijo obtendrá todos los nutrientes que necesita de la leche materna o del biberón.

Calorías *El contenido energético de los alimentos se mide en calorías. Los niños requieren aproximadamente de dos y medio a tres veces más calorías que un adulto en relación con su peso.*

Carbohidratos *Constituyen la fuente principal de calorías.*

Proteínas *Son esenciales para la formación de los tejidos. El requerimiento de proteínas de un bebé es tres veces mayor que en los adultos sobre la base del peso corporal.*

Grasas *El organismo necesita una pequeña cantidad de ácidos grasos para el crecimiento y la reparación celular.*

Lactancia natural
La succión contribuye a crear un fuerte vínculo entre usted y su hijo desde el principio.

LOS REQUERIMIENTOS DEL RECIÉN NACIDO

Su niño depende de usted para obtener la nutrición adecuada: la leche materna o la de biberón satisface todos los requerimientos del recién nacido. La leche materna es lo mejor, pero su hijo crecerá y se desarrollará normalmente aun si opta por darle el biberón. Como alimentarlo lleva bastante tiempo, es esencial que elija un método adecuado para ambos. Es conveniente que decida bastante antes del parto si le dará el pecho o el biberón y que se prepare para el método elegido.

Durante los primeros meses de vida, los requerimientos alimenticios del bebé reflejan su rápido crecimiento: a los cuatro o cinco meses, casi todos han doblado el peso que tenían al nacer. Para que el niño se desarrolle normalmente, su alimento debe contener la cantidad adecuada de calorías, carbohidratos, proteínas, grasas, vitaminas y minerales *(véase a la izquierda y la columna de la derecha)*. Hasta los cuatro meses, por lo menos, recibe todos esos nutrientes de la leche materna o de la del biberón. Su hijo llorará cuando tenga hambre, así que prepárese para establecer un régimen de tomas.

POR QUÉ ES MEJOR LA LACTANCIA NATURAL

La leche de mujer no tiene una textura tan consistente y cremosa como la de vaca; quizás usted llegue a pensar que no es buena para su niño, pero no se engañe: contiene todos los nutrientes que él necesita en la cantidad justa y le brinda muchos beneficios. Los bebés alimentados con el pecho generalmente padecen menos enfermedades –por ejemplo, las respiratorias– porque están protegidos por los anticuerpos presentes en el calostro *(véase p. 38)* y en la leche materna. Los primeros días de vida, esos anticuerpos también protegen el intestino, reduciendo así el riesgo de diarreas y vómitos.

Los bebés que toman leche materna no se constipan, pues es más digerible que la leche de vaca; además, tienen menos propensión a sufrir dermatitis de pañal, causada por el amoníaco *(véase p. 66)*. Desde el punto de vista de la madre, la lactancia natural también es conveniente: no hay que calentar ni preparar la leche, ni esterilizar biberones, ni comprar el equipo. Los niños amamantados generalmente duermen más, tienen menos gases, regurgitan menos leche, y el olor de la leche regurgitada es menos desagradable. Es raro que se sobrealimenten, por lo tanto no se preocupe si su hijo parece más regordete que otros bebés de su edad. Cada niño tiene su propio apetito y ritmo metabólico; el suyo tendrá el peso adecuado para su cuerpo.

Algunas mujeres temen tener los pechos flácidos en el futuro si amamantan a su hijo. Es posible que los pechos cambien de tamaño o estén flácidos después del nacimiento, pero eso se debe al embarazo y no al amamantamiento, que favorece la pérdida del peso incrementado durante el embarazo. Mientras usted le dé el pecho, la hormona que estimula la secreción de leche, denominada oxitocina *(véase p. 38)*, contribuye a que el útero vuelva a su tamaño original, lo mismo que la pelvis y la cintura. También es posible que la lactancia natural brinde a la mujer cierta protección contra el cáncer de mama.

LOS BENEFICIOS DE LA LECHE EN BIBERÓN

Prácticamente todas las mujeres pueden amamantar a sus hijos; usted debería intentarlo. Muchas creen que para ser una buena madre hay que amamantar al niño, y se sienten culpables si deciden no hacerlo. Por otra parte, a algunas les resulta difícil dar el pecho por un motivo emocional o psicológico y otras sencillamente no pueden aprender a hacerlo bien. Si ése es su caso, olvídese del asunto y concéntrese en dar a su hijo una buena dieta de leche en biberón: aun así crecerá normalmente. Si opta por no amamantar en absoluto, su médico probablemente le recete hormonas para detener la secreción de leche.

Tal vez esté considerando el uso del biberón porque cree que dar el pecho la limitará mucho, sobre todo si planea regresar al trabajo poco después del nacimiento. Quizá sea la mejor solución para usted, pero recuerde que también es posible extraer su leche para que su marido u otra persona pueda alimentar a su hijo mientras usted esté fuera de casa. De esa forma, el niño tendrá todos los beneficios de la lactancia natural, y usted contará con la flexibilidad y la libertad que permite el biberón.

Una de las ventajas del biberón es que el padre puede participar en la alimentación de su hijo tanto como usted. Él debe intentar hacerlo cuanto antes, para aprender así a tomar al niño con seguridad y confianza y a comprender sus necesidades. Lo ideal es que ambos compartan la responsabilidad por igual. Aliéntelo a que sostenga al bebé cerca del cuerpo y a que le hable o cante mientras lo alimenta, a fin de que el pequeño se acostumbre a sentir la piel, el olor y el sonido de la voz de su padre.

REQUERIMIENTOS DE VITAMINAS Y MINERALES

Además de los nutrientes básicos (véase en la columna de la página opuesta)*, la leche proporciona al niño todas las vitaminas y minerales necesarios.*

Vitaminas Son esenciales para la salud. La leche materna no tiene tanta vitamina D como la de biberón, que sí contiene todas las vitaminas que el niño requiere. Si su hijo necesita complementos vitamínicos, solicítelos a la visitadora social.

Minerales Ambos tipos de leche contienen magnesio, calcio y fósforo, vitales para el crecimiento de huesos y músculos. Los bebés nacen con una reserva de hierro que dura unos cuatro meses; posteriormente, deben ingerirlo mediante alimentos sólidos o complementos.

Oligoelementos Algunos minerales, como el zinc, el cobre y el flúor, son fundamentales para la salud del niño. Los dos primeros están presentes en ambos tipos de leche, no así el flúor, que protege contra las caries. Antes de dar complementos de flúor a su hijo consulte con el médico o la comadrona.

Leche de biberón
Haga de la hora del biberón un momento de intimidad y estrecha unión con su hijo.

UN BUEN FLUJO DE LECHE

Si se mantiene relajada, se alimenta bien y bebe bastante líquido, tendrá más que suficiente cantidad de leche para su niño.

- *Descanse tanto como pueda, sobre todo las primeras semanas, y procure dormir bien.*
- *Usted producirá la mayor parte de la leche a la mañana, cuando esté descansada. Si durante el día está tensa, es posible que produzca menos leche temprano por la noche. Practique los ejercicios de relajación prenatales y tómese un descanso todos los días.*
- *No se preocupe por los quehaceres domésticos; realice sólo las tareas absolutamente esenciales.*
- *Al final del día, puede relajarse con un vaso de vino o darse otro gusto.*
- *Siga una dieta bien equilibrada, bastante rica en proteínas. Evite los carbohidratos muy refinados, como pasteles, dulces y golosinas.*
- *Consulte a su médico sobre la posibilidad de tomar hierro y complementos vitamínicos.*
- *Beba unos tres litros de líquido cada día. Tenga a mano una bebida mientras amamanta si es necesario.*
- *En las primeras tomas del día, extraiga toda la leche que su hijo no ingiera a fin de estimular las glándulas mamarias para que sigan produciendo leche.*
- *La píldora anticonceptiva combinada reduce la secreción de leche; evítela durante los cinco meses posteriores al parto. Converse con su médico acerca de métodos alternativos de anticoncepción.*
- *Prescinda de los alimentos muy condimentados, que podrían alterar su leche y afectar el estómago del bebé.*

LA LACTANCIA NATURAL

El amamantamiento requiere un aprendizaje, por lo tanto solicite apoyo y asesoramiento, no sólo a la comadrona o visitadora social sino también a familiares y amigas con niños. Ante todo, aprenderá de su hijo cuando trate de reconocer e interpretar sus señales. Sus pechos no necesitan preparación especial, pero si usted tiene pezón invertido, utilice un corrector mamario a fin de que el pezón sobresalga y el niño pueda succionar. Si tuvo al bebé en el hospital, haga saber al personal de enfermería que usted quiere amamantar y no tenga vergüenza en solicitar ayuda. Ofrezca el pecho a su hijo tan pronto nazca (en la sala de partos, si usted está en el hospital) para establecer un vínculo con él cuanto antes y dejar que se acostumbre a la succión.

EL CALOSTRO Y LA LECHE

El calostro es un líquido claro y amarillento que contiene agua, proteínas y minerales; es producido por las glándulas mamarias las primeras 72 horas después del parto. Es rico en anticuerpos, que protegen al bebé contra infecciones intestinales y respiratorias. Los primeros días, amamántelo regularmente para que se alimente con calostro y se acostumbre a prenderse al pecho *(véase p. 40)*.

Tal vez se sorprenda por la consistencia acuosa de la primera secreción de leche. Cuando su hijo succiona, al principio la leche es más líquida y calma la sed; luego sale más consistente y alimenticia, rica en grasas y proteínas.

EL REFLEJO DE BAJADA DE LA LECHE

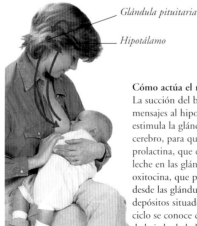

Glándula pituitaria

Hipotálamo

Cómo actúa el reflejo
La succión del bebé en el pecho envía mensajes al hipotálamo, que a su vez estimula la glándula pituitaria, situada en el cerebro, para que libere dos hormonas: la prolactina, que estimula la producción de leche en las glándulas mamarias, y la oxitocina, que permite el pasaje de leche desde las glándulas mamarias hasta los depósitos situados debajo de la areola. Este ciclo se conoce comúnmente como reflejo de bajada de la leche.

Posiciones de descanso para amamantar

Para amamantar de noche, la posición ideal es acostada; si el bebé es muy pequeño, puede acostarlo sobre una almohada a fin de que pueda alcanzar el pezón. Esta posi- ción posiblemente le resulte más cómoda si le han hecho episiotomía y siente dolor al sentarse. En caso de que le hayan hecho cesárea, acueste al bebé sobre su brazo.

Ambos deben estar cómodos

Acostada
Estas posiciones son excelentes alternativas para el descanso; además, evitan que los movimientos del bebé produzcan dolor en el caso de las mujeres con cesárea.

Sentada
Los brazos y la espalda deben estar apoyados; procure sentirse cómoda y relajada.

Sujetadores para amamantar
Use un sujetador/corpiño para amamantar bien moldeado, que se abroche por delante y tenga tirantes anchos; siempre pruébeselo antes de comprarlo. Los de copas/tazas desmontables o con cierre a cremallera resultan difíciles de abrir con una sola mano, cuando con la otra se sostiene al bebé. Si tiene los pechos inflamados o irritados, un buen sujetador puede reducir al mínimo el dolor.

PRODUCCIÓN Y DEMANDA

Las glándulas secretoras de leche están ubicadas en la zona profunda del pecho, no en el tejido graso, por lo tanto el tamaño de los pechos no determina la cantidad de leche que pueden producir; incluso los pechos pequeños pueden producir una cantidad perfectamente adecuada.

La leche es producida según la demanda: usted producirá lo que el niño necesite, así que no tema quedarse sin leche si él se alimenta con mucha frecuencia. La succión del bebé estimula la secreción de leche, así que cuanto más ávidamente succione, más leche producirán los pechos, y viceversa. Durante el tiempo que usted amamante, la cantidad de leche producida fluctuará según las necesidades del bebé. Una vez que él comience a ingerir sólidos, en forma natural sus pechos producirán menos leche.

	bebé de 2 semanas	bebé de 2 meses	
12.00	✓	✓	02.00
04.00	✓		06.00
08.00	✓	✓	10.00
12.00	✓		14.00
16.00	✓	✓	18.00
20.00	✓	✓	22.00
24.00	✓		

¿Con qué frecuencia se alimentará?
Al principio, su niño tomará poca leche y con mucha frecuencia. Aproximadamente a los dos meses, se alimentará cada cuatro horas y tomará menos cantidad que los primeros días.

¿CUÁNTO TIEMPO EN CADA PECHO?

Debe dejar al niño en el pecho en tanto muestre interés en continuar chupando.

• *Si el bebé sigue succionando cuando sus pechos ya están vacíos, es probable que sólo esté disfrutando. Si no le duelen los pezones, puede dejarlo.*

• *Cuando haya terminado de alimentarse de un pecho, sepárelo suavemente del pezón* (véase abajo, a la derecha) *y póngalo en el otro. Tal vez chupe menos tiempo del segundo pezón.*

• *En cada toma, alterne el primer pecho que le dé. Ponga un imperdible/alfiler de gancho en el sujetador para acordarse cuál es el pecho con el que debe comenzar.*

Prenderse al pecho
El niño debe tener dentro de la boca todo el pezón y gran parte de la areola. La leche sale con la succión y también apretando el pezón contra el paladar.

AMAMANTAR AL BEBÉ

Si a la hora del alimento ambos están relajados y cómodos, el amamantamiento crea un fuerte vínculo entre la madre y el niño. Procure que su hijo pueda verla; sonríale y háblele mientras succiona. Pronto asociará su rostro, el sonido de su voz y el olor de su piel con el placer de mamar. Tanto usted como el bebé deben estar cómodos antes de comenzar *(véase p. 39)*. El niño tiene que alimentarse de ambos pechos; antes de cambiar al otro, puede ser conveniente que elimine los gases *(véase p. 51)*.

CÓMO RECONOCER LOS PROBLEMAS COMUNES

Es totalmente normal que al principio haya algunos inconvenientes; no se preocupe por problemas menores, por ejemplo, que el niño rechace una toma. Recuerde que su hijo también está aprendiendo y que a ambos tomará algún tiempo acostumbrarse, por lo tanto persevere y pida consejo y sugerencias a su comadrona o visitadora social.

Rechazo del pecho Es muy común que en las primeras 36 horas los recién nacidos no succionen ávidamente o durante mucho tiempo. Sin embargo, si eso ocurre pasado dicho período, puede existir un problema que requiera atención. La causa más probable de que un niño tenga dificultad para amamantarse suelen ser los problemas respiratorios. Es posible que su pecho cubra sus orificios nasales; en ese caso, retire suavemen-

EL AMAMANTAMIENTO

El reflejo de succión
Anime al niño a buscar el pecho tocando suavemente la mejilla más próxima. De inmediato, él girará la cabeza hacia el pecho, con la boca abierta.

Cómo quitar el pezón
Para interrumpir la succión, introduzca el meñique en la comisura de la boca. El pecho se separará fácilmente sin ser retenido.

te de la cara del bebé la parte del pecho que está sobre la areola. Si parece tener la nariz obstruida, consulte al médico, que
tal vez le recete gotas nasales para descongestionarla.

En caso de que no existan motivos evidentes para que su
hijo rechace el pecho, probablemente se deba a que esté nervioso. Un niño que ha llorado mucho por hambre, o que estaba hambriento mientras lo cambiaban o intentaban jugar
con él, probablemente esté demasiado tenso para tomar el pecho. Usted tendrá que estrecharlo y tranquilizarlo con palabras suaves o canciones; será inútil tratar de alimentarlo si él
no se calma antes.

Si hubo algún retraso en el inicio del amamantamiento
(por ejemplo, un bebé prematuro al que debieron alimentar
con biberón), tal vez al niño le resulte más difícil tomar el pecho; de ser así, usted deberá tener paciencia y perseverancia.
Su comadrona o visitadora social la asesorará en caso de que
usted necesite extraer su leche y dársela en una taza especial
hasta que el niño pueda tomarla directamente del pecho. Los
biberones complementarios *(véase p. 43)* raramente se necesitan, y pueden hacer que las madres dejen de amamantar. La
mejor alternativa es darle su propia leche extraída.

Succión por placer Casi todos los bebés disfrutan chupando
el pecho de su madre sólo para darse placer. Usted aprenderá
a notar la diferencia entre la succión para alimentarse y la succión por placer, cuando el niño chupa el pecho con fuerza pero no traga. Si no le duelen los pezones, puede dejarlo todo el
tiempo que desee, aunque él toma la mayor parte de su alimento durante los primeros 3 a 5 minutos.

Dormir durante la toma Si los primeros días el niño parece tener poco interés en el alimento, asegúrese de que tome cuanto
desee de un solo pecho. El hecho de que se quede dormido es
señal de que está satisfecho y se alimenta bien, aunque a los bebés prematuros, que suelen dormir mucho, hay que despertar-
los para que se alimenten regularmente. Si su hijo se queda
dormido en el pecho, despiértelo suavemente media hora después y ofrézcale el pecho; si tiene hambre, comenzará a tomar.

Succión inquieta Si el bebé no se tranquiliza al alimentarse o parece no quedar satisfecho, probablemente sólo haya estado chupando el pezón sin obtener la cantidad necesaria de leche. Esto
también puede provocar dolor en los pezones. Controle que se
prenda bien al pecho y tenga gran parte de la areola en la boca.

ALIMENTACIÓN Y BENEFICIO

Es poco frecuente que un niño amamantado no tome la cantidad suficiente de leche, aunque no se pueda ver cuánto haya tomado.

• *Seguir chupando incluso después de haberse alimentado de ambos pechos puede ser señal de placer más que de hambre.*
• *La sed puede hacer que el niño continúe succionando después de vaciar los pechos. Pruebe darle unos 30 ml de agua hervida tibia en un biberón o una taza con tapa para bebés.*
• *Si el niño está inquieto y parece hambriento, llévelo al médico para que lo pese y controle si está aumentando bien. Si no es así, probablemente su secreción de leche haya disminuido, quizá por cansancio o agotamiento. Hasta que su producción de leche vuelva a ser normal, tal vez necesite tomas complementarias* (véase p. 43) *de una taza especial. Consulte con su médico si está muy preocupada.*
• *El síndrome de leche escasa (una rara enfermedad caracterizada por la incapacidad del recién nacido para alimentarse adecuadamente) casi siempre obedece a dificultades del bebé para aprender a prenderse al pecho y chupar. En muy pocos casos, la madre no produce bastante leche. Puede continuar amamantándolo, pero necesitará biberones complementarios. Nunca me canso de repetir que la madre y su hijo necesitan tiempo para acostumbrarse al amamantamiento.*
• *Si el bebé moja menos de seis pañales por día, consulte con la comadrona o el médico; podría indicar deshidratación.*

CONSEJOS PARA LA EXTRACCIÓN

Procure que la tarea sea lo más cómoda posible para usted. Tenga el cuidado de conservar la leche en forma correcta.

• *Inclinarse sobre una superficie baja puede causarle dolor de cabeza. Ponga el recipiente a una altura adecuada.*

• *La extracción debe ser totalmente indolora. En caso de sentir dolor, pare de inmediato; pida a su comadrona o a la visitadora social que le indique si lo está haciendo correctamente.*

• *Cuanto más relajada esté, más fácil será la extracción. Si la leche no comienza a fluir, coloque un embudo tibio sobre los pechos para abrir los conductos, o realice la extracción mientras se baña.*

• *Si le preocupa que su hijo no desee volver a tomar el pecho por haberse acostumbrado a la tetina del biberón, procure alimentarlo con una taza diseñada especialmente, o déle la leche extraída a cucharaditas. La cuchara y la taza deben estar esterilizadas antes de usarlas.*

• *Antes de comenzar, lávese muy bien las manos; todas las piezas y recipientes necesarios para la extracción deben estar esterilizados.*

• *La leche extraída entrará en descomposición si está mal conservada; esto podría ser perjudicial para el niño. Póngala en el refrigerador o el congelador inmediatamente después de extraerla. Refrigerada, la leche se conserva 24 horas; congelada, hasta seis meses.*

• *La leche extraída debe ponerse en recipientes estériles y herméticos. No utilice recipientes de cristal si va a congelarla, pues podrían quebrarse; opte por recipientes de plástico.*

EXTRACCIÓN DE LA LECHE

La leche extraída se puede conservar en el refrigerador o en el congelador. Eso evita que usted se sienta atada y limitada por el amamantamiento, permite que su hijo se alimente con su leche aun si usted no está en casa y también que su marido comparta con usted la alimentación del niño.

La leche se puede extraer a mano o con una bomba manual o eléctrica; la extracción a mano suele ser la más fácil y práctica. Antes de comenzar, necesitará un bol, un embudo y un recipiente hermético. Desinfecte todo el equipo con solución esterilizadora en frío, con agua hirviendo o con un equipo esterilizador a vapor.

Las primeras seis semanas, la extracción a mano casi siempre es algo difícil, pues los pechos aún no han llegado a su máxima producción, pero no se desanime. Como los pechos producen leche según la demanda, tal vez necesite extraerla para que los pechos sigan produciéndola; por ejemplo, si su bebé es prematuro y todavía no puede amamantarlo. Aunque utilice una bomba extractora, es conveniente aprender la técnica de extracción a mano en caso de que sea necesario. La mejor hora para la extracción es la mañana, cuando se produce la mayor cantidad de leche; cuando el pequeño duerma toda la noche, el mejor momento es temprano por la noche.

EXTRACCIÓN CON BOMBA

Todas las bombas manuales funcionan mediante succión, y constan de tres partes: un cono receptor similar a un embudo, el mecanismo bombeador y un recipiente. El montaje y la operación del aparato varía ligeramente según la marca; aténgase a las instrucciones del fabricante.

Mecanismo bombeador

Cono de succión

Recipiente; sirve también como biberón

Uso de la bomba manual

Coloque el cono sobre el pezón; luego apriete y suelte la manilla. El vacío producido dentro del recipiente provoca la extracción de la leche. Si le causa dolor, deténgase de inmediato; la extracción debe ser indolora. Relájese y pruebe nuevamente más tarde.

EXTRACCIÓN A MANO

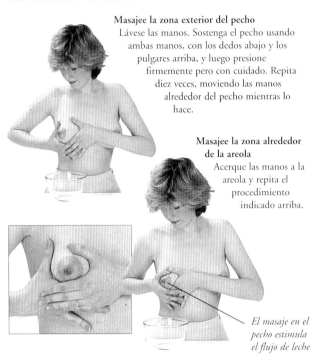

Masajee la zona exterior del pecho
Lávese las manos. Sostenga el pecho usando ambas manos, con los dedos abajo y los pulgares arriba, y luego presione firmemente pero con cuidado. Repita diez veces, moviendo las manos alrededor del pecho mientras lo hace.

Masajee la zona alrededor de la areola
Acerque las manos a la areola y repita el procedimiento indicado arriba.

El masaje en el pecho estimula el flujo de leche

Presione desde atrás suave y rítmicamente

Extraiga la leche alternando los pechos

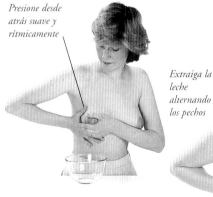

Inicie el flujo
Tome la areola entre el pulgar y los dedos y presione hacia atrás, en dirección a las costillas; luego exprima rítmicamente con suavidad. Si la leche no sale inmediatamente, siga intentando.

BIBERONES COMPLEMENTARIOS

Aun cuando usted amamante, pueden surgir inconvenientes que hacen necesario el uso de biberones complementarios con leche de fórmula.

Si tiene dolor intenso en los pezones o un conducto obstruido (véanse pp. 44 y 45), tal vez deba alimentar al bebé con algunos biberones complementarios, aunque muchas madres se extraen la leche del pecho afectado y la ponen en el biberón.
A los bebés acostumbrados al pezón tal vez les disgusten las tetinas plásticas. Lamentablemente, es difícil saber si el niño no tiene hambre o le desagrada la tetina. Si usted persevera, es probable que él se acostumbre al biberón, pero entonces también puede rechazar el pecho. En ese caso, intente darle la leche con una cuchara o taza especial; cualquiera de ellas debe estar esterilizada.
Si usted no puede amamantar o debe dejar a su hijo con otra persona, puede darle biberones con su propia leche extraída antes.

Vacíe el pecho
Continúe exprimiendo el pecho unos cinco minutos, siempre alrededor de la areola, y luego prosiga con el otro pecho. Repita todo el procedimiento con ambos pechos.

El recipiente debe estar a una altura adecuada para usted

ALIVIO PARA EL DOLOR EN LOS PEZONES

La succión del niño puede provocar dolor en los pezones, sobre todo si usted tiene piel clara. Los consejos siguientes pueden ser útiles para atenuar ese problema.

- *Siempre controle que su hijo tenga el pezón y la areola bien dentro de la boca.*
- *Siempre quite con cuidado al bebé del pecho (véase p. 40).*
- *Procure mantener los pezones secos entre tomas.*
- *Seque bien los pezones antes de abrocharse el sujetador después de una toma.*
- *Utilice discos absorbentes desechables o pañuelos lavables dentro del sujetador para absorber las pérdidas de leche.*
- *Si está alimentando al niño con un solo pecho, utilice un cono receptor para recoger la leche que gotea o fluye del otro pecho. La leche se puede conservar en el refrigerador hasta 24 horas o en el congelador.*
- *Si uno de los pezones le provoca dolor, no amamante con ese pecho durante 24 horas o hasta que el dolor haya cesado. Extraiga la leche del pecho afectado y amamante sólo con el otro.*
- *Utilice un protector blando de siliconas; se adapta bien al pezón y tiene una tetina en el frente para que el bebé pueda succionar. Siempre esterilícelo antes de usarlo.*
- *En los pezones dolorosos pueden surgir grietas. Para evitarlo, aplique suavemente una crema calmante de camomila/manzanilla o caléndula dos o tres veces por día.*

CUIDADOS Y TRASTORNOS DEL AMAMANTAMIENTO

Si bien es posible que al dar el pecho todo marche bien desde el primer día, es normal que usted no pueda hacerlo bien al principio, que le duelan los pechos o que el bebé chupe poco tiempo. Aprender lleva tiempo, así que persevere hasta adquirir práctica y la tarea le será más fácil.

EL CUIDADO DE LOS PECHOS

Es fundamental mantener limpios y secos los pechos y pezones. Debe limpiarlos todos los días con agua o loción para bebés (no con jabón, pues quita la grasitud de la piel y puede empeorar las grietas o el dolor en los pezones) y secarlos sin frotar. También debe secarlos después de cada toma. Use continuamente sujetador, pues sus pechos necesitan soporte, pero siempre que pueda abra las copas para que los pezones estén en contacto con el aire. Puede ponerse crema humectante en los pezones; si le duelen, aplique crema de camomila o caléndula o un aerosol antiséptico.

Una vez iniciado el flujo, es posible que los pechos pierdan bastante leche; en ese caso, utilice discos absorbentes, pañuelos para absorber la pérdida o un protector plástico *(véase a la izquierda)* para recoger la leche. Cambie los discos o los pañuelos con frecuencia y siempre esterilice el protector antes de usarlo.

QUÉ HACER EN CASO DE ENFERMEDAD

Si usted debe permanecer en cama y no se siente bien para amamantar al niño, puede extraerse la leche para que su marido lo alimente. En caso de que su enfermedad no le permita extraerse la leche, su hijo deberá alimentarse con leche de fórmula, ya sea en biberón o a cucharaditas. Tal vez el niño no la acepte mucho al principio, pero la tomará cuando tenga más hambre.

Usted puede amamantar incluso si está internada en un hospital. Si ése es su deseo, hágalo saber al personal de enfermería cuanto antes a fin de que puedan hacer los preparativos necesarios; por ejemplo, tomar y cambiar al bebé cuando usted no se sienta bien. Sin embargo, si usted tuvo una operación quirúrgica no podrá amamantar durante el postoperatorio debido a la anestesia: no sólo estará adormilada, sino que la anestesia administrada pasará a la leche. Si sabe de antemano que va a ser intervenida quirúrgicamente, procure extraerse leche y conservarla en el congelador para que puedan dársela en biberón a su hijo hasta que usted se recupere. La leche tardará hasta diez días en volver a aparecer; mientras tanto, deje que el bebé succione el pecho por placer tanto como desee.

QUÉ HACER SI SURGEN PROBLEMAS

Sus pechos funcionarán mucho durante los próximos meses; pueden surgir problemas si, por ejemplo, su bebé no se prende bien al pecho o al retirarlo retiene el pezón *(véase p. 40)*. Mantenga los pechos limpios y secos, controle que el niño los vacíe al alimentarse, utilice un sujetador para amamantar adecuado y actúe de inmediato si tiene dolor o grietas en los pezones.

Grietas en los pezones Si no se toman cuidados, en los pezones dolorosos *(véase la columna de la izquierda)* pueden surgir grietas, que provocan un dolor punzante cuando el niño chupa. Mantenga los pezones secos con discos absorbentes o pañuelos de papel limpios y deje de amamantar con el pecho afectado hasta que haya sanado. Extraiga la leche a mano a fin de dársela al niño en biberón o en una taza para bebés (ambos deben estar esterilizados antes de usar).

Congestión Al final de la primera semana de amamantamiento (antes la plena producción de leche) es posible que los pechos se llenen demasiado y estén muy dolorosos y duros, lo que impide al niño prenderse bien al pecho. Use un buen sujetador para amamantar a fin de reducir la incomodidad y extraiga un poco de leche *(véanse pp. 42 y 43)* antes de amamantar para aliviar la congestión. También puede aliviarse la incomodidad con baños de agua tibia, que favorecen la secreción de leche.

Obstrucción de un conducto La ropa ajustada o la congestión de los pechos pueden causar la obstrucción de un conducto de leche, que se manifiesta con un enrojecimiento duro en la piel de la zona afectada. Esto se puede evitar si se da el pecho con frecuencia y se estimula al bebé para que vacíe los pechos; además, el sujetador no debe estar demasiado ajustado. Si usted tiene un conducto obstruido, alimente al niño con frecuencia y ofrézcale primero el pecho afectado.

Mastitis Los conductos bloqueados no tratados pueden conducir a una infección aguda denominada mastitis. El pecho se inflama y aparece un enrojecimiento en la piel, similar al del conducto obstruido. Como es necesario vaciar el pecho, puede seguir dando de mamar. Su médico le recetará antibióticos para combatir la infección.

Absceso mamario Puede ser ocasionado por un conducto obstruido o una mastitis. Se manifiesta con fiebre y un enrojecimiento extremadamente sensible en el pecho. Si el tratamiento con antibióticos no da resultado, será necesario extraer el absceso quirúrgicamente, pero es posible seguir amamantando aun después de esta circunstancia; consulte a su médico.

LA PÍLDORA ANTICONCEPTIVA Y LA LACTANCIA

Dentro de lo posible, evite todo consumo de medicamentos mientras amamante. Muchos de ellos pueden pasar a la leche y perjudicar al bebé.

• *Si está amamantando y desea usar anticonceptivos orales, tome la "minipíldora", que contiene sólo progesterona; en la píldora combinada, el estrógeno puede reducir la secreción de leche.*

• *Aún no se conocen bien los efectos de la progesterona en el bebé, por lo tanto es aconsejable emplear otro método anticonceptivo hasta el destete.*

• *Pida a su médico que la asesore acerca del método anticonceptivo más adecuado para usted.*

• *Si usted ya está tomando medicamentos o va a realizar una consulta, informe a su médico que está amamantando.*

LECHES DE FÓRMULA

Existe en el mercado una amplia variedad de leches de fórmula. Todas contienen ingredientes cuidadosamente equilibrados para asemejarlas tanto como sea posible a la leche materna; además, se les añade vitamina D y hierro, cuyo contenido en la leche de mujer es sumamente bajo.

Casi todas se fabrican a base de leche de vaca, pero también se puede optar por las elaboradas a base de soja, en el caso de los niños que no toleran la leche de vaca. Las leches de fórmula se venden en polvo y también ya preparadas. Las preparadas, que vienen en cartones o en biberones listos para alimentar, están uperizadas (mediante el proceso U.A.T.), lo que implica que están esterilizadas y se conservan en un lugar fresco hasta la fecha de vencimiento. Una vez abierto el cartón, la leche se conserva hasta 24 horas en el refrigerador. Son más caras que las leches de fórmula en polvo, pero también muy prácticas, sobre todo al viajar.

Si usted usa leche de fórmula en polvo, es fundamental que la prepare siguiendo estrictamente las indicaciones del envase. Algunas madres suelen añadir un poco más de polvo para hacerla "más nutritiva", pero de esa forma dan al niño demasiadas proteínas y grasas, y poca agua. Por el contrario, si se le agrega demasiada agua, el bebé no tendrá los nutrientes que necesita para su normal desarrollo.

LOS BIBERONES Y LA LECHE

En algún momento, la mayoría de los bebés termina tomando biberón (si no es desde un principio, generalmente es después del destete o en forma de complemento); todos crecen y se desarrollan bien. Con frecuencia aparecen en el mercado nuevas leches de fórmula, biberones y tetinas con el objetivo de que la alimentación con biberón sea cada vez más conveniente y similar a la lactancia natural.

Cuando se da biberón al niño desde el nacimiento, hay algo muy importante que la leche de fórmula no puede reemplazar: el calostro *(véase p. 38)*. En consecuencia, si usted no piensa amamantar al bebé, póngalo al pecho sólo los primeros días para que pueda tomar calostro y brindarle así la mejor protección inicial. Si usted decide no hacerlo (o existe alguna otra razón), el personal del hospital se ocupará de las primeras tomas de su bebé; probablemente le den agua con glucosa unas horas después del nacimiento.

Una de las ventajas del biberón es que permite al padre participar tanto como la madre a la hora de alimentarlo. Procure que su marido comience a alimentar al niño cuanto antes. De ese modo, se acostumbrará a la técnica, tendrá más práctica para sostener al niño y aprenderá a atender todos sus requerimientos. Cuando lo alimente, es conveniente que tenga el pecho desnudo para que el bebé pueda estar en contacto estrecho con su piel y familiarizarse con su olor.

ESTERILIZACIÓN DE LOS BIBERONES

Es recomendable adquirir práctica con el equipo de biberones antes de que nazca el niño, así que cómprelos con bastante anticipación a la fecha de parto. Los grandes almacenes y las farmacias venden paquetes con todo lo necesario para la alimentación con biberón.

BIBERONES Y TETINAS

Biberones (de izquierda a derecha)
Biberón liso
Biberón anatómico
Biberón de fácil sujeción
Biberón desechable; fundas

Tetinas (de izquierda a derecha)
Tetinas universales de látex (2)
Tetina de siliconas, anticólico
Tetina con forma natural
Tetina con base ancha para biberón desechable

LIMPIEZA DE BIBERONES Y TETINAS

El cepillo para biberones ayuda a quitar todo residuo de leche

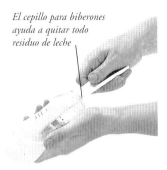

Quite con sal la leche adherida a la tetina

Cómo limpiar el biberón
Quite los restos de leche con un cepillo para biberones y agua tibia mezclada con líquido lavavajillas/detergente. Enjuague bien.

Cómo limpiar la tetina
Enjuague bien. Quite los residuos de leche frotando con sal fina y luego enjuague muy bien.

Tenga el equipo esterilizador en la cocina, preferentemente cerca del fregadero. Para utilizar el método de esterilización en frío, llene el recipiente con agua fría hasta la marca indicada y añada una o dos tabletas para que se disuelvan como indican las instrucciones del fabricante. Limpie los biberones y tetinas según se indica arriba y póngalos en el recipiente junto con la jarra, la cuchara medidora y el cuchillo, de modo que todos los elementos queden sumergidos (llene los biberones para que no floten). Deje esterilizar el tiempo indicado, enjuague y deje escurrir hasta el momento de usar.

Casi todas los equipos esterilizadores tienen capacidad para cuatro o seis biberones. Como los recién nacidos toman unos siete cada día, probablemente deba esterilizarlos dos veces por día –por la mañana y por la noche– a fin de tener siempre biberones listos cuando el niño tenga hambre. Conforme el bebé crece, la cantidad de tomas disminuye, y entonces podrá preparar todos los biberones de una sola vez.

Usted pronto establecerá su propia rutina, pero personalmente creo que lo más práctico es esterilizar y preparar todos los biberones a la vez *(véase p. 48)* y conservarlos en el refrigerador hasta el momento de usar. Después de la toma, enjuague el biberón con agua tibia y déjelo a un lado. Es conveniente esterilizar todos los elementos para la alimentación hasta que el niño tenga nueve meses.

MÉTODOS DE ESTERILIZACIÓN

Tanto la esterilización en frío como la esterilización por ebullición son métodos efectivos. No obstante, es bueno conocer otros métodos para cuando no se esté en casa o se hayan acabado las tabletas para esterilizar.

• *Los biberones y demás elementos se pueden esterilizar en un recipiente plástico grande con tapa que contenga agua fría y las tabletas (o líquido) para esterilizar.*

• *Los equipos de esterilización al vapor destruyen rápida y eficazmente todas las bacterias.*

• *Puede esterilizar todos los elementos en un horno microondas con un equipo especial de esterilización al vapor, siempre y cuando los elementos sean aptos para microondas.*

• *Un método de esterilización sencillo consiste en lavar los elementos y hervirlos al menos 25 minutos en una olla grande tapada.*

• *Los biberones, la jarra y el cuchillo se pueden lavar en un lavaplatos corriente, pero las tetinas deben hervirse por separado, en una olla tapada.*

LECHE DE FÓRMULA YA PREPARADA

Es más práctica que la leche de fórmula en polvo, pero su uso requiere ciertas medidas de higiene.

• *Antes de abrir el cartón, limpie la parte superior, sobre todo en la línea de corte.*

• *Corte la esquina del cartón con una tijera limpia. Evite tocar los bordes cortados, pues podría contaminar la leche.*

• *Deje dentro del cartón la leche que no utilice; se conserva en el refrigerador hasta 24 horas.*

• *Descarte toda la leche que queda en el biberón después de la toma; está contaminada con saliva.*

EL FLUJO DE LECHE

El orificio de la tetina debe ser lo bastante grande para permitir que, cuando se invierta el biberón, la leche fluya a un ritmo de varias gotas por segundo.

Si el orificio es muy grande, el niño recibirá demasiada leche y muy rápido, y se le escapará; si el orificio es muy pequeño, se cansará antes de estar satisfecho. Se venden tetinas con orificios de distintos tamaños que permiten que la leche fluya más rápido o más lento. Compre una con el tamaño adecuado para las necesidades de su niño.
Son preferibles las tetinas con forma natural, especialmente diseñadas para adaptarse al paladar del niño y permitirle controlar el flujo de leche.

ALIMENTACIÓN CON BIBERÓN

Antes de comenzar, es preciso tener en cuenta dos puntos fundamentales. La leche de fórmula debe estar preparada correctamente y medidas exactamente las cantidades indicadas para que el niño reciba la proporción adecuada de nutrientes y agua; cuando el niño se alimente, el flujo de la leche debe ser cómodo para él. Cuando mezcle el polvo según las instrucciones, puede preparar un biberón por vez, o varios juntos.

PREPARACIÓN DE LECHE DE FÓRMULA PARA VARIOS BIBERONES

Elementos
Biberones y tapas a rosca; cuchillo plástico; cuchara medidora incluida en el envase de la leche; embudo; tetinas; tapas y jarra. Enjuáguelos con agua hervida y deje escurrir antes de usar.

Nivele a ras con el lomo de un cuchillo

Medición
Para medir la cantidad necesaria, utilice la cuchara incluida en el envase. Nivele a ras con un cuchillo; no apriete el polvo contenido en la cuchara.

Mezcla
Ponga en la jarra la cantidad necesaria de polvo y el agua hervida tibia. Nunca se vea tentada a añadir un poco más de polvo, pues de ese modo la leche quedará demasiado concentrada y podría ser perjudicial. Revuelva hasta obtener un líquido uniforme, sin grumos.

Conservación
Coloque las tetinas esterilizadas boca abajo en los biberones, cubra con las tapas plásticas y cierre con las tapas a rosca. Póngalos en el refrigerador inmediatamente después de prepararlos; tal vez tenga que ponerlos en una bandeja para mantenerlos en vertical.

Un embudo esterilizado puede ser útil

LA TOMA DEL BIBERÓN

Póngase cómoda, con los brazos bien apoyados. Sostenga a su hijo recostado, con la cabeza sobre la parte interna del codo y la espalda sobre el brazo, así podrá tragar sin dificultad ni riesgos. Acerque su cara a la de él y háblele continuamente. También puede intentar otras posiciones *(véase p. 39)* hasta encontrar la que le resulte más conveniente. Estar acostada con el niño apoyado en el brazo es muy cómodo para las tomas nocturnas.

Antes de comenzar a alimentarlo, controle la temperatura de la leche; previamente habrá controlado el flujo de leche *(véase a la izquierda)*. Si el niño tiene dificultad para tomar la leche, quite suavemente el biberón para que pueda entrar aire en su interior y luego continúe. Sostenga el biberón ligeramente en ángulo para que la leche cubra completamente la tetina y el niño no trague aire con la leche al succionar.

CÓMO DAR EL BIBERÓN

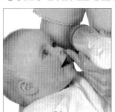

Ofrézcale el biberón
Toque suavemente al bebé en la mejilla más próxima a usted para estimular su reflejo de succión. Introduzca con cuidado la tetina en la boca. Si la mete demasiado, podría producirle arcadas.

Haga que la alimentación sea un momento agradable
Hable a su hijo y sonríale mientras lo alimenta. Permita que haga una pequeña pausa al llegar a la mitad, si él lo desea, y cámbielo de lado para que él tenga otra vista y usted pueda descansar el brazo.

Retire el biberón
Deslice con suavidad el meñique en la comisura de la boca para interrumpir la succión de la tetina.

CÓMO CALENTAR EL BIBERÓN

Algunas madres prefieren calentar un poco el biberón, aunque si la leche estuviera a temperatura ambiente sería igualmente adecuada. No utilice el microondas: no siempre calientan en forma pareja y pueden elevar demasiado la temperatura en ciertas partes de la leche, por lo que el niño podría quemarse.

Caliente la leche
Deje el biberón unos minutos en un recipiente con agua caliente. También puede ponerlo bajo el chorro caliente del grifo, agitando bien.

Pruebe la temperatura
Eche unas gotas de leche en la muñeca; no debe estar muy fría ni muy caliente.

LAS TOMAS

Las tomas de los niños alimentados a biberón suelen ser menos frecuentes que las de los niños que maman. Eso se debe a que la leche de fórmula tarda más en digerirse y contiene un poco más de proteínas, por lo tanto satisface su apetito durante más tiempo. El régimen diario de los bebés que toman biberón es de unas seis tomas cada cuatro horas, mientras que el de los bebés que toman el pecho es de aproximadamente siete tomas. Los primeros días, normalmente no superan los 60 mililitros por toma, pero a medida que crecen, las tomas son más abundantes y menos frecuentes.

Nunca alimente a su bebé según horarios rígidos; deje que él determine cuándo desea comer. Cuando tenga hambre, se lo hará saber con claridad mediante el llanto. Su apetito variará; por lo tanto, si parece satisfecho, no lo obligue a tomar si él no quiere. No sienta que debe terminar el biberón en cada toma; eso sobrecargará su estómago y le hará regurgitar (*véase p. 52*) o –peor aún– se sobrealimentará y tendrá exceso de peso. Por otra parte, si el niño aún tiene hambre, ofrézcale un poco más de otro biberón preparado. Si eso ocurre con frecuencia, aumente la cantidad de leche en cada toma.

TOMAS NOCTURNAS

Su hijo se alimentará por lo menos una vez durante la noche, interrumpiendo el sueño de su madre. Esto, sumado a todas las demás tareas que debe realizar para atenderlo, puede hacer que se sienta agotada y tensa. El problema no radica tanto en la cantidad de horas de sueño que usted pierda, sino en que altera su patrón de sueño durante un largo período. Por esa razón, es fundamental que usted descanse bien de día y de noche; si usted se encarga de la mayor parte de la alimentación del niño, procure que su marido realice algunos de sus otros quehaceres.

REDUCCIÓN DE LAS TOMAS NOCTURNAS

Al principio, su hijo no dormirá más de tres horas seguidas pues el hambre lo despertará. Una vez que alcance un peso de unos 5 kilos, trate de prolongar el tiempo entre tomas a fin de que usted pueda dormir por la noche unas seis horas sin interrupción. Aunque su niño tendrá su propia rutina, es sensato procurar que su última toma del día coincida con la hora en que usted vaya a dormir, que debe ser lo más tarde posible. Tal vez su bebé siga despertándose de madrugada pidiendo su toma, sin importar cuánto haya intentado usted cambiar la rutina. Si eso sucede, tenga paciencia, haga que las tomas nocturnas sean gratas, y sencillamente espere el momento en que su hijo deje de despertarse de madrugada.

SOBREALIMENTACIÓN

Los bebés regordetes pueden parecer adorables, pero las células grasas, una vez formadas, son imposibles de eliminar. Es posible que los bebés rollizos se conviertan en adultos obesos, con todos los riesgos que eso ocasiona a la salud. Lamentablemente, es fácil sobrealimentar a un niño con el biberón, por dos razones: primero, es "tentador" poner un poco más de fórmula en polvo en el biberón; siempre siga las instrucciones. Segundo, en su ansiedad por alimentarlo bien, querrá que su hijo termine hasta la última gota; siempre permítale decidir cuándo quiere dejar. Darle bebidas azucaradas e introducir alimentos sólidos prematuramente también pueden ser causa de sobrealimentación.

ALIMENTACIÓN INSUFICIENTE

Es raro que los bebés que toman biberón no se alimenten lo suficiente. Usted debe alimentar al niño conforme él lo pida y no con horarios rígidos; advertirá que sus requerimientos varían día a día. Si usted insiste en seguir un horario y nunca le ofrece un poco más de leche al finalizar la toma, aun cuando llore por eso, el niño está tomando menos leche de lo que necesita.

Si el pequeño está inquieto cada vez que termina completamente una toma, es posible que tenga hambre. En ese caso, ofrézcale 60 mililitros más de leche. Si la toma, es que la necesita.

Si el niño demanda tomas frecuentes pero bebe poca cantidad, probablemente el orificio de la tetina sea muy pequeño *(véase p. 48)*, por lo que tiene dificultad en chupar la leche y se cansa de succionar antes de quedar satisfecho.

ERUCTO

Al eructar, el bebé despide todo el aire que puede haber tragado durante la toma o por haber llorado. La reacción de los niños al eructo varía considerablemente, pero es poco probable que les cause incomodidad; muchos bebés demuestran estar más contentos

HIGIENE Y PREPARACIÓN

Su niño necesita protección contra las bacterias, por lo tanto es fundamental la higiene escrupulosa de todos los accesorios para la alimentación y el cuidado con la preparación y conservación de la leche de fórmula.

• Lea con detenimiento las instrucciones de esterilización y sígalas rigurosamente.
• Lávese las manos antes de esterilizar los elementos para la alimentación y antes de preparar y dar el biberón.
• Nunca añada más cantidad de fórmula; siga las instrucciones al pie de la letra.
• Una vez calentado el biberón, ofrézcaselo enseguida.
• Cuando prepare varios biberones juntos, póngalos de inmediato en el refrigerador. No conserve la leche en un frasco al vacío, donde se reproducen los gérmenes.
• Deje los biberones en el refrigerador hasta el momento de usar.
• Los cartones abiertos con leche preparada deben conservarse en el refrigerador.
• Descarte todo resto de leche en el biberón después de una toma.

Cómo hacerlo eructar
Sostenga al niño contra su pecho. Dé golpecitos delicados pero firmes en la espalda para favorecer la expulsión del aire.

51

después de eructar. Tragar aire es más común en los bebés alimentados con biberón, pero en cierta medida se puede evitar inclinando el biberón cada vez más a medida que el bebé lo vacíe, de modo que la tetina siempre esté llena de leche y no de aire; o bien utilizando biberones desechables. Otro punto a favor del eructo es que permite que madre e hijo hagan una pausa, se relajen, se tranquilicen, y el niño se sienta atendido y seguro; eso es bueno para ambos. En consecuencia, con respecto al eructo considero que usted no debe dudar en hacerlo, al menos para quedarse tranquila, pero no se obsesione.

REGURGITACIÓN

Si su hijo tiene tendencia a regurgitar leche (algunos nunca lo hacen) tal vez se pregunte si retiene lo suficiente. Mi hijo menor regurgitaba con frecuencia, y yo temía que no retuviera la cantidad suficiente de leche. Simplemente por intuición, le ofrecí más alimento. Como no quiso tomarlo, supuse que había regurgitado un exceso que no necesitaba. La causa más común de regurgitación en los bebés muy pequeños es la sobrealimentación, y ésa es otra razón por la que nunca hay que obligarlos a acabar el biberón una vez que dejan de tomar.

Si el bebé vomita con un chorro –cuando la leche es expulsada con fuerza del estómago– es preciso consultar de inmediato con el médico, sobre todo si ocurre regularmente después de varias tomas. En un bebé de poca edad, los vómitos casi siempre son serios porque pueden conducir rápido a la deshidratación; debe hacerlo saber al médico cuanto antes.

EL BAÑO, LOS PAÑALES Y LA ROPA

En lo que respecta al cuidado diario del bebé, su tarea es mantenerlo

fuerte y sano, atendiendo no sólo sus requerimientos alimenticios

sino también su higiene y bienestar físico. Al principio, su aseo incluye

una serie aparentemente interminable de cambios de pañales,

pero no desespere; esa etapa pronto pasará.

Muchas madres disfrutan comprando ropa para el niño;

si bien tal vez desee adquirir algunos modelos más elegantes

para ocasiones especiales, no es necesario gastar mucho dinero.

No es necesario abrir los labios de la vulva para limpiar entre los pliegues; en realidad, nunca se debe hacer. Sólo lave la piel que está en contacto con el pañal y séquela con cuidado.

Al lavarla, hágalo desde el frente hacia atrás (en otras palabras, hacia el ano) a fin de evitar ensuciar la vulva y reducir al máximo el riesgo de que las bacterias del intestino lleguen a la vejiga, lo que podría causar una infección.

EL BAÑO Y LA HIGIENE

Parte de su rutina diaria será mantener aseado al bebé. Muchos padres primerizos temen hacer daño al recién nacido cuando lo sostienen para bañarlo, pero pronto se acostumbran y esperan la ocasión para disfrutar y jugar con el niño. En lugar de preocuparse o sentir ansiedad, tómese media hora, tenga todo a mano y procure relajarse y disfrutarlo.

Los recién nacidos no necesitan bañarse con mucha frecuencia porque sólo se ensucian el culo, la cara, el cuello y los pliegues de la piel; basta con hacerlo cada dos o tres días. Entre tanto, puede lavarlo (véase abajo). Esto le permitirá ocuparse de las partes del cuerpo que necesitan higiene y molestar al niño lo menos posible. Cuando sea recién nacido debe usar agua hervida tibia, pero más adelante (aproximadamente al mes) puede lavarlo con agua tibia del grifo. No le lave el pelo muy seguido para evitar la formación de la gorra de cuna *(véase p. 57)*; el lavado permite quitar toda la descamación. No es preciso usar jabón con los recién nacidos; a partir de las seis semanas podrá emplear loción para baño, jabón u otros artículos de tocador.

A los bebés no les gusta tener la piel expuesta al aire; por lo tanto, cuando lave al niño procure que esté desvestido lo mínimo necesario. Entibie una toalla grande mullida sobre un radiador no muy caliente y téngala a mano para envolver al bebé tan pronto haya terminado.

ASEO DEL BEBÉ

*Limpie los ojos
hacia afuera*

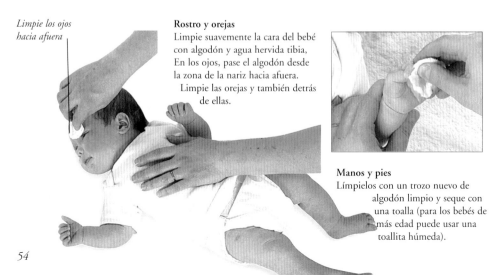

Rostro y orejas
Limpie suavemente la cara del bebé con algodón y agua hervida tibia, En los ojos, pase el algodón desde la zona de la nariz hacia afuera.
Limpie las orejas y también detrás de ellas.

Manos y pies
Límpielos con un trozo nuevo de algodón limpio y seque con una toalla (para los bebés de más edad puede usar una toallita húmeda).

EL CUIDADO DEL CUERPO

Lo fundamental es limpiar la zona que está en contacto con los pañales y controlar que no haya en la piel restos de comida o suciedad que pudieran causar irritación.

Ojos, nariz y orejas Limpie los ojos con algodón y un poco de agua hervida tibia, desde la zona de la nariz hacia fuera. Use un trozo nuevo de algodón para cada ojo a fin de evitar que se extienda cualquier infección que pudiera haber.

No asee el interior de la nariz ni los oídos, pues se limpian solos, y no le aplique colirio ni gotas nasales a menos que lo indique el médico. Limpie las orejas con algodón húmedo. Si ve cera, no trate de quitarla; se trata de una secreción natural del conducto auditivo externo, es antiséptica y protege el tímpano contra el polvo y la suciedad. Si quita la cera, el oído producirá más. Si está preocupada, consulte con el médico.

Uñas Manténgalas cortas para que el bebé no se arañe. Córtelas después del baño, cuando están blandas, con una tijera pequeña de punta roma, o bien con los dientes; su boca es tan sensible que no le hará daño.

Ombligo Pocos días después del nacimiento, el cordón umbilical se seca y cae *(véase p. 13)*. Puede bañar al bebé antes de que caiga el cordón, pero tenga la precaución de secarlo bien cuando finalice el baño. Permita que la zona esté en contacto con el aire tanto como sea posible a fin de acelerar el proceso de cicatrización.

CÓMO ASEAR A UN NIÑO

Nunca tire hacia abajo el prepucio durante la limpieza: está muy tirante y puede quedar trabado (cuando el niño tenga tres o cuatro meses, el prepucio estará más suelto y se podrá retraer sin forzarlo). Limpie la piel que está en contacto con los pañales y seque con cuidado, sobre todo los pliegues.

Si su niño acaba de ser circuncidado, preste atención a cualquier señal de hemorragia. Es posible que vea unas pocas gotas de sangre: eso es normal. También es normal que haya una leve inflamación o hinchazón, pero desaparece al poco tiempo. Sin embargo, si la hemorragia persiste o hay señales de infección, consulte con el médico. Pida asesoramiento sobre la forma adecuada de bañar al bebé, el cuidado particular del pene y el vendaje, en caso de que lo tenga.

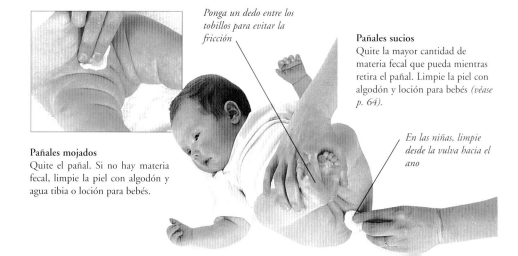

Pañales mojados
Quite el pañal. Si no hay materia fecal, limpie la piel con algodón y agua tibia o loción para bebés.

Ponga un dedo entre los tobillos para evitar la fricción

Pañales sucios
Quite la mayor cantidad de materia fecal que pueda mientras retira el pañal. Limpie la piel con algodón y loción para bebés *(véase p. 64)*.

En las niñas, limpie desde la vulva hacia el ano

ARTÍCULOS DE TOCADOR

La piel del recién nacido es delicada. No es conveniente usar jabón ni toallitas húmedas hasta que tenga al menos seis meses, pues quitan la grasitud natural de la piel y la secan, provocando incomodidad. Los artículos de tocador para bebés son suaves y no irritan la piel del niño; incluso, muchos son hipoalergénicos.

• *Un poco de aceite para bebés en el agua del baño es un buen humectante para pieles muy secas.*
• *Además de ser ideal para limpiar, la loción para bebés humecta la piel delicada, como la que está en contacto con los pañales.*
• *El talco para bebés puede resecar la piel del bebé. Si desea usarlo, échelo en su mano antes de aplicar a fin de que el niño no lo inhale. Nunca ponga talco en los pliegues de la piel, pues podría causar irritación.*
• *La crema de zinc y aceite de ricino/castor, y la vaselina no permiten pasar el agua y protegen la piel del bebé contra la orina. Si el bebé tiene dermatitis de pañal (véase p. 67), son buenas las cremas especiales que contienen sales de titanio; se venden con prescripción médica.*

Utilice —— algodón y loción de bebé para limpiar la zona del pañal.

EL BAÑO DE ESPONJA

Si a su hijo le disgusta estar desnudo, o si aún no se atreve a darle un baño, la solución puede ser un baño de esponja. Sostenga bien al niño en el regazo y quítele únicamente la prenda que sea necesaria, pues lo lavará por partes. Si le resulta difícil sostener al bebé mientras lo tiene en el regazo, acuéstelo en el cambiador y siga las mismas instrucciones. Tenga a mano un recipiente con agua tibia antes de comenzar.

CÓMO DAR UN BAÑO DE ESPONJA

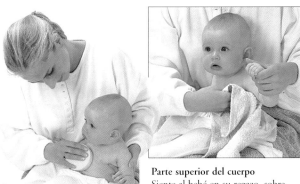

Parte superior del cuerpo
Siente al bebé en su regazo, sobre una toalla. Desvista el torso y lave la parte delantera con una esponja o paño. Seque sin frotar. Inclínelo hacia delante, sobre su brazo, y lave la espalda.

Zona del pañal o cabeza
A continuación puede lavar la cabeza *(véase en la otra página)* o la zona del pañal, en cuyo caso debe ponerle las prendas de la parte superior y quitarle las de la parte inferior y el pañal. Limpie la piel que está en contacto con el pañal *(véase p. 64).*

Parte inferior del cuerpo
Lave las piernas y los pies con una esponja o paño, seque sin frotar, aplique crema protectora (en caso de usarla), ponga un pañal limpio y vístalo.

CUIDADO Y LAVADO DE LA CABEZA

Desde el nacimiento, lave la cabeza del niño todos los días, pero no es necesario utilizar champú; bastará con loción para baño disuelta con un poco de agua. Después de 12 a 16 semanas, lávele la cabeza con agua sola todos los días, y con champú para bebés dos veces por semana. Opte por uno que no haga picar los ojos, pero de todos modos evite el contacto con esa zona. Si el bebé es muy pequeño, puede sostenerle las piernas con la axila, y la espalda y la cabeza con la mano *(véase p. 58)*; o bien sentarse en el borde de la bañera con el niño acostado horizontalmente en el regazo, mirando hacia usted, para que se sienta seguro y no tema al agua. No se preocupe demasiado por las fontanelas *(véase p. 12)*, pues la membrana que las cubre es muy resistente; además, no es necesario frotar la cabeza, así que no le hará daño si lo trata con suavidad.

Aplique el champú o la loción para baño en la cabeza y masajee suavemente hasta que se forme espuma, espere unos 15 segundos y enjuague utilizando un paño con agua tibia. No hay necesidad de una segunda aplicación. Cuando seque el pelo, procure no cubrirle la cara porque podría asustarse y comenzar a llorar; para evitarlo es conveniente secar con la punta de la toalla.

RESISTENCIA AL LAVADO DE LA CABEZA

Muchos bebés detestan que les laven la cabeza, aunque disfruten el baño. En ese caso, es mejor lavarle la cabeza por separado; si el niño lo asocia con el baño, podría comenzar a rechazarlo también.

La causa principal de ese desagrado es que los bebés detestan que les entre agua y jabón en los ojos; por lo tanto, procure evitarlo. Existen gorros especiales para tal fin, que se colocan sobre el nacimiento del pelo y evitan que el agua y la espuma resbalen por la cara durante el lavado. Otro método que tal vez le resulte útil es sostenerlo en el regazo cuando le lava la cabeza (mirándola a usted, para que se sienta más seguro), y mojarla o enjuagarla con un paño en lugar de hacerlo con agua directamente.

Nunca fuerce la situación ni lo sostenga con fuerza para que se quede quieto mientras le lava la cabeza. Espere dos o tres semanas y luego vuelva a intentar. Mientras tanto, puede limpiarle la cabeza con una esponja y agua tibia para quitar la suciedad o pasarle un cepillo suave humedecido. El pelo probablemente quede grasoso, pero eso no le hará ningún daño.

GORRA DE CUNA

Ocasionalmente, tal vez note algunas manchas rojizas y escamosas en el cuero cabelludo de su hijo. Es muy común y no se debe a la mala higiene ni al champú que utilice. Por lo general desaparecen a las pocas semanas.

Todos los días, lave suavemente el cuero cabelludo del recién nacido con un cepillo de cerdas muy finas y un poco de champú para bebés mezclado con agua tibia para evitar la gorra de cuna. Aun si el niño tiene poco pelo, cepíllelo bien para que la piel no se descame.
Si tiene gorra de cuna, aplique un poco de aceite para bebés en el cuero cabelludo por la noche para ablandar y aflojar la descamación. No la quite con la uña, pues de ese modo aumentará la formación de costras.

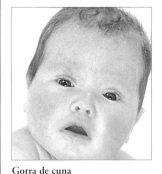

Gorra de cuna
Las manchas escamosas que se forman en el cuero cabelludo del recién nacido no son perjudiciales; por lo general desaparecen solas a las pocas semanas. Si la afección persiste o se extiende, probablemente su médico le indique un tratamiento con un champú especial.

Haga que la hora del baño sea lo más placentera posible para que usted y su niño la disfruten.

• *Antes de comenzar, tenga a mano todos los elementos que necesita.*

• *En la bañera, siempre ponga primero el agua fría. Controle la temperatura final con el codo o la parte interna de la muñeca.*

• *La profundidad del agua debe ser de 5 a 8 cm, no más.*

• *Procure que el bebé esté desnudo el menor tiempo posible: los muy pequeños tienen frío enseguida.*

• *Use un delantal impermeable para protegerse la ropa; los de plástico con recubrimiento de tela de toalla son más agradables para la piel del bebé.*

• *Entibie la toalla en un radiador, pero no deje que se caliente demasiado.*

• *En lugar de usar jabón, añada al agua loción de baño para bebés, pues no quita tanto la grasitud natural de la piel.*

EL BAÑO

Usted puede bañar al bebé en cualquier habitación templada, sin corrientes de aire y con bastante espacio para tener a mano todos los elementos necesarios. Si el cuarto de baño es demasiado frío y tiene corrientes de aire, llene la bañera allí o en la cocina y llévela a la habitación adecuada (siempre que no pese mucho).

Para los bebés pequeños se puede usar una bañera de plástico para bebés con base antideslizante, especialmente diseñada para tal fin. Ponga la bañera en una mesa o superficie amplia, a una altura conveniente (por lo general, a la altura de la cadera) para no tener que inclinarse demasiado y forzar la espalda. Algunas bañeras para bebés vienen con su propio soporte o bien con un dispositivo para adecuarlas a la bañera corriente. Ambas son muy cómodas para bañar al niño.

CÓMO BAÑAR AL BEBÉ

Controle la temperatura del agua
Pruebe el agua con el codo o con la parte interna de la muñeca; no debe estar muy fría ni muy caliente. Las primeras veces tal vez resulte práctico un termómetro. La temperatura ideal es 29,4 ºC.

Prepárelo para el baño
Desvista al niño, limpie la piel que está en contacto con el pañal y envuélvalo con una toalla. Límpiele la cara y las orejas *(véase p. 54)*.

Lave la cabeza
Sostenga al bebé como se muestra arriba, inclínese y lávele la cabeza. Enjuague bien y seque sin frotar.

Póngalo en la bañera
Con una mano sosténgalo por los hombros, sujetando las axilas con los dedos, y con la otra tome las piernas o las nalgas. Sonríale y háblele mientras lo pone en la bañera.

TEMOR AL BAÑO

A algunos bebés les aterroriza el baño. Si su hijo tiene miedo, no lo obligue a permanecer en el agua; vuelva a intentar dos semanas después, pero con poca agua en la bañera. Mientras tanto, puede darle baños de esponja (véase p. 56) *o simplemente limpiarlo* (véase p. 54).

Si el niño sigue temiendo al agua, pruebe creando un entorno de juego. Llene un recipiente con agua, ponga algunos juguetes y deje una toalla cerca. Desnude al bebé y anímelo a jugar con los juguetes. Si lo hace con agrado, aliéntelo a chapotear en el agua sosteniéndolo con firmeza.

Después de haber hecho esto un par de veces, reemplace el recipiente por la bañera y haga jugar al niño. Si trata de meterse en el agua con los juguetes, habrá perdido el miedo. Sin embargo, tenga paciencia; deje que juegue una o dos ocasiones más pero sin lavarlo; luego podrá lavarlo mientras él juega.

Lávelo
Sosténgalo de los hombros con una mano, de modo que éstos y la cabeza estén fuera del agua; lávelo con la otra mano.

Retírelo
Después de lavar y enjuagar al niño, álcelo con cuidado –de la misma forma que al ponerlo en la bañera– y póngalo sobre una toalla.

Séquelo
Envuelva al bebé con la toalla y séquelo bien. No aplique talco en la zona del pañal porque podría acumularse en los pliegues de la piel y causar irritación.

59

LA VEJIGA Y EL INTESTINO

Los recién nacidos pueden necesitar hasta diez cambios de pañales por día. Si bien esa frecuencia luego se reduce, la mayoría de los bebés no controlan la vejiga ni el intestino antes del segundo año. Es imposible acelerar ese proceso, pero su ayuda y apoyo serán muy importantes para el niño.

EXCRECIÓN DE ORINA

La vejiga de un bebé de poca edad se vacía automáticamente y con mucha frecuencia, tanto de día como de noche. Cuando pasa una pequeña cantidad de orina a la vejiga, ésta se contrae y la expulsa. Este proceso es completamente normal; el bebé no puede controlarlo, al menos hasta que la vejiga se desarrolle lo suficiente para retener orina durante un período más prolongado.

EVACUACIÓN INTESTINAL

Cuando se establece en el niño la regularidad intestinal, la materia fecal se vuelve más consistente y clara (24 horas después del nacimiento elimina una sustancia pardoverdosa y pegajosa denominada meconio). No es necesario prestar demasiada atención a las deposiciones, y mucho menos obsesionarse, en tanto el niño esté contento y creciendo bien.

La cantidad diaria de deposiciones varía mucho; al principio, casi todos los bebés alimentados a biberón evacuan el intestino en cada toma. En cambio, los niños amamantados a veces defecan una vez por día o menos, debido a que hay menos desechos que eliminar. La frecuencia de las evacuaciones se reduce gradualmente conforme el niño crece. Al principio, su hijo tal vez defeque cinco o seis veces diarias, y después de tres o cuatro semanas, sólo dos veces por día. Esto es completamente normal y no debe ser motivo de preocupación. Asimismo, las deposiciones sueltas, de poca consistencia o de color verde son comunes para un recién nacido, y tampoco deben alarmar a menos que la inconsistencia de las heces se prolongue más de 24 horas. En ese caso, consulte al médico.

CAMBIOS EN LA EVACUACIÓN INTESTINAL

No se preocupe si las deposiciones de su hijo cambian de un día para otro. Es muy normal que las heces adquieran color verde o marrón cuando están expuestas al aire. Si usted está muy preocupada, consulte con la comadrona o el médico, que podrán tranquilizarla o asesorarla. En general, las deposiciones poco consistentes no indican infección. Sin embargo, si son acuosas y están acompañadas por un repentino cambio de color, olor o frecuencia, es preciso consultar al médico, sobre todo si el niño está pálido, decaído, sin apetito y parece no sentirse bien.

Las deposiciones con hilos de sangre nunca son normales. Pueden deberse a un problema menor; por ejemplo, una pequeña fisura en el ano, pero de todos modos hay que acudir al médico. La presencia de pus, mucosidad o más cantidad de sangre en las heces podría indicar una infección intestinal; en ese caso consulte de inmediato al médico.

Bebés amamantados Al segundo día, las deposiciones son de color amarillo claro. Es raro que tengan olor intenso o desagradable, y por lo general su consistencia es similar a la de la sopa cremosa. Recuerde que los alimentos que usted ingiera afectan a su hijo, sobre todo las comidas muy condimentadas o ácidas, que pueden perjudicar la digestión del niño.

Bebés alimentados con biberón Las evacuaciones de los niños que toman leche de fórmula generalmente son más frecuentes, más firmes, más oscuras y de olor más fuerte que las de un bebé amamantado. Muchas veces tienen una consistencia bastante dura. El mejor remedio es darle un poco de agua hervida tibia entre tomas.

¿QUÉ ES LA DIARREA?

La diarrea es un síntoma de irritación intestinal y se caracteriza por deposiciones inconsistentes o líquidas muy frecuentes. En los bebés de poca edad, la diarrea siempre puede ser peligrosa debido al riesgo de sufrir deshidratación, que puede ocurrir muy rápido. Acuda de inmediato al médico si su hijo tiene alguno de los siguientes síntomas: deposiciones líquidas frecuentes; deposiciones verdes y con olor fuerte; fiebre de 38 °C o más alta; deposiciones con pus o sangre; decaimiento y ojeras. Si sospecha que está deshidratado, observe las fontanelas. Las fontanelas hundidas son un síntoma claro de deshidratación; en ese caso, consulte de inmediato al médico. La diarrea se puede curar fácilmente si se trata a tiempo.

Si su hijo tiene una diarrea leve y ningún otro síntoma, puede comenzar el tratamiento enseguida. En caso de que lo amamante, siga haciéndolo; la diarrea suele irse rápido con la leche materna, pero si el niño toma leche de fórmula, prepárela a la mitad, es decir, mezcle la cantidad habitual de agua con la mitad de la cantidad normal de polvo. Probablemente tome menos leche en cada toma, y por lo tanto tendrá hambre más seguido. Si la diarrea está acompañada de fiebre o vómitos, acuda de inmediato al médico.

EL SISTEMA DIGESTIVO

Durante el proceso de la digestión, el alimento pasa al estómago, luego al intestino delgado y de ahí al intestino grueso. Los residuos son almacenados en el recto y finalmente son evacuados en forma de materia fecal.

Digestión *Todos los alimentos ingeridos son descompuestos por las enzimas. La digestión comienza en la boca, donde la comida se mezcla con la saliva; luego va al estómago y posteriormente a la primera porción del intestino delgado.*

Absorción *Los alimentos son reducidos a moléculas simples, que al pasar por el intestino delgado son absorbidas por el torrente sanguíneo. Los residuos van al intestino grueso, donde se produce la absorción de agua; luego pasan al recto en forma de heces.*

Evacuación *Las heces son almacenadas en el recto y se eliminan por el ano. Los bebés no pueden controlar, ni siquiera un segundo, el reflejo que provoca la evacuación del recto. Como el reflejo gastrocólico estimula la evacuación del recto cada vez que entra alimento en el estómago, los bebés de poca edad generalmente defecan en cada toma.*

LOS PAÑALES DE NIÑA

Las niñas mojan el pañal en el centro, o hacia atrás cuando están acostadas.

• *Los pañales desechables diurnos son diferentes a los nocturnos. En su diseño se tiene cuenta el lugar donde más se moja el pañal: la parte más gruesa está situada donde más hace falta.*

• *Para ocasiones especiales, puede comprar braguitas/bombachitas con volantes o estampadas para cubrir el pañal; quedan muy bonitas debajo del vestido.*

DESCRIPCIÓN DE UN PAÑAL DESECHABLE

Las bandas con elástico para evitar las pérdidas dan protección adicional

Las tiras que se pueden volver a adherir permiten controlar si el pañal está limpio

Debajo de la capa interna absorbente hay una cubierta plástica

El elástico se adecua a la forma de la pierna y ayuda a evitar las pérdidas

LOS PAÑALES

Antes de comprar pañales, en primer lugar tendrá que decidir entre los desechables y los de tela. Hoy día, la mayoría de los padres opta por los desechables, pero una mayor conciencia sobre los temas ambientales ha hecho que muchos reconsideren las ventajas de los pañales de tela, pues crean menos desechos. Sin embargo, la cuestión aún no está bien definida: los detergentes utilizados para lavarlos contaminan el agua, y la electricidad gastada en las lavadoras puede considerarse como un derroche. Si bien los pañales de tela a la larga son más baratos que los desechables, es importante tener en cuenta el incremento en el gasto de electricidad debido al lavado frecuente, y también el valor de su tiempo. Pero está claro que si usted le cambia los pañales tanto como sea necesario y sigue algunas reglas básicas de higiene, su niño estará contento sin importar el tipo de pañal que usted elija.

PAÑALES DESECHABLES

Con éstos, cambiar pañales no podía ser más fácil. Son fáciles de colocar –no hay que doblarlos, usar alfileres ni comprar braguitas de plástico– y se descartan cuando están mojados o sucios. Son convenientes sobre todo en los viajes, porque no se necesitan en tanta cantidad como los de tela, permiten cambiar al bebé con poco espacio y no hay que llevar a casa pañales sucios para lavar. Como necesitará bastantes, puede comprarlos en cantidad una vez por semana y así llevar con más comodidad la compra diaria. Algunos comercios los entregan a domicilio.

Nunca los tire en el inodoro, pues atascarán los conductos de desgüe. Póngalos en una bolsa plástica resistente y átela bien antes de tirarla.

PAÑALES DE TELA

Si bien requieren un mayor desembolso inicial, a largo plazo resultan más baratos que los desechables. Exigen mucho más trabajo que éstos porque hay que enjuagarlos, esterilizarlos, lavarlos y secarlos después de usar. Necesitará como mínimo 24 pañales para contar siempre con uno limpio; cuantos más compre, tanto menos frecuentemente tendrá que lavar. A la hora de comprarlos, opte por los mejores que le permita su presupuesto: como duran más, resultan más rendidores; además, son más absorbentes y, por ende, más cómodos para el bebé.

Los pañales de toalla cuadrados se pueden doblar de diversas maneras *(véase p. 65)*, según el tamaño y las necesidades de su niño. Son muy absorbentes (mucho más que algunos desechables) y convenientes para usar de noche, sobre todo si usa desechables durante el día.

Los pañales de toalla "en T" están fabricados con una tela más blanda y suave que los cuadrados, y tienen una capa central de triple espesor para una mayor absorbencia. Debido a su forma, son más prácticos para colocar y se moldean mejor al cuerpo del bebé.

Si va a usar pañales de tela, necesitará pañales de gasa para poner dentro de aquéllos. Elija los del tipo "siempre secos", que dejan pasar la orina pero quedan secos en la superficie que está en contacto con la piel, pues disminuyen el riesgo de irritaciones causadas por la fricción o la humedad. Los pañales de gasa evitan que las deposiciones pasen al pañal de toalla, y simplemente se quitan, se enjuagan y se lavan. También precisará al menos 12 imperdibles de seguridad (con protección en el extremo para que no lastimen la piel) y 12 braguitas de plástico para evitar que los pañales mojen o ensucien la ropa del bebé o las sábanas.

Además, existe en el mercado un tipo de pañal de tela que ofrece todas las ventajas de los desechables pero se lava en la lavadora. Está fabricado con varias capas de tela absorbente, se adapta a la forma del cuerpo, tiene un recubrimiento exterior para evitar las pérdidas, cierre tipo velcro y elástico para las piernas.

LOS PAÑALES DEL NIÑO

Los niños mojan el frente del pañal. Los pañales desechables para niños están diseñados especialmente, pues tienen la parte más gruesa en el frente.

• *Si usa pañales de tela, dóblelos de modo que queden más gruesos en el frente, sobre todo por la noche.*

• *Los niños frecuentemente orinan al ser cambiados, por lo tanto cubra el pene con algunos pañuelos de papel o un pañal limpio mientras le quita el pañal sucio.*

• *Ponga siempre el pene hacia abajo cuando coloque un pañal limpio a fin de que la orina no salga por la parte superior del pañal.*

PAÑALES DE TELA

BRAGUITAS DE PLÁSTICO

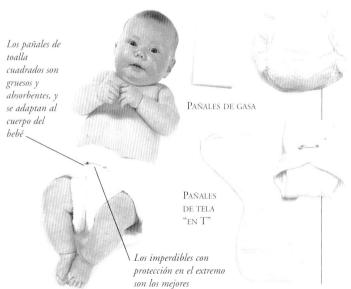

Los pañales de toalla cuadrados son gruesos y absorbentes, y se adaptan al cuerpo del bebé

PAÑALES DE GASA

PAÑALES DE TELA "EN T"

Los imperdibles con protección en el extremo son los mejores

CÓMO LIMPIAR A LAS NIÑAS

Siempre limpie a su niña desde el frente hacia atrás (hacia el ano), y nunca dentro de los labios de la vulva.

Quite las heces
Retire todas las heces que pueda con el frente del pañal sucio.

Quite la orina
Limpie los genitales y toda la zona con un paño o algodón mojados.

Limpie las nalgas
Levante las piernas como se muestra arriba y limpie desde el frente hacia atrás. Seque muy bien.

CÓMO CAMBIAR UN PAÑAL

Tendrá que cambiar el pañal cada vez que el niño lo moje o lo ensucie. La cantidad que deberá cambiar por día depende según el niño. Sin embargo, como regla general, probablemente necesite cambiar el pañal por la mañana, cuando el bebé se despierta; por la noche, antes de acostarlo; después de cada toma, incluidas las nocturnas; y después del baño.

Cambiar pañales desechables es muy sencillo, siempre que se elija el del tamaño más adecuado para el bebé, a fin de que le quede cómodo. Si usa pañales de tela podrá optar por doblarlos en la forma que más le convenga, según el tamaño y la edad del niño *(véase a la derecha)*. Además necesitará pañales de gasa.

PAÑALES DESECHABLES

Colóquelo debajo del niño
Abra el pañal, con las tiras adhesivas atrás, y colóquelo debajo del niño de modo que la parte superior quede a la altura de la cintura.

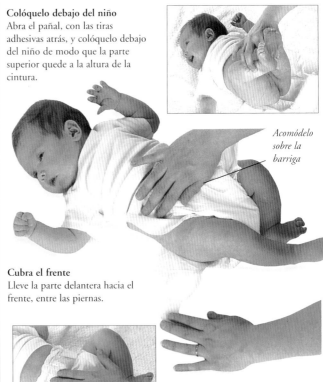

Acomódelo sobre la barriga

Cubra el frente
Lleve la parte delantera hacia el frente, entre las piernas.

Ajústelo a la medida
Con las solapas cubra firmemente la parte delantera y asegure el pañal. Debe quedar ajustado al cuerpo.

CÓMO DOBLAR LOS PAÑALES DE TELA

Doblez de triple absorción

Es el más adecuado para los recién nacidos: tiene buena absorción en la parte central y un tamaño justo. No es para bebés más crecidos. Comience con el pañal cuadrado doblado en cuatro, de modo que quede un cuadrado pequeño, con la parte abierta arriba y a la derecha.

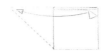

Tome la esquina superior derecha del pañal.

Lleve la esquina hacia la izquierda formando un triángulo invertido.

Doblez paralelo y en forma de cometa

Son ideales para bebés de mayor tamaño. Puede ajustar la altura del talle para adecuarlo al del niño. Ambos dobleces comienzan con el pañal extendido.

Dé vuelta el pañal de modo que el vértice quede en el extremo superior derecho.

Doble dos veces las capas del centro para que quede una capa gruesa.

Lleve hacia el centro las esquinas superior e inferior, superponiéndolas apenas.

Tome la esquina izquierda y alinéela con el borde superior; repita con la derecha.

Doble los lados hacia el centro simulando la forma de un cometa.

Lleve la punta superior hacia el centro. Doble la punta inferior hacia arriba, ajustando la altura al tamaño del bebé.

PAÑALES DE TELA

Cómo colocar un pañal de tela

Ponga el pañal debajo del bebé de modo que la parte superior quede a la altura de la cintura. Lleve al frente la parte delantera pasándola entre las piernas. Sosténgalo con una mano y con la otra lleve los lados hacia el centro. Sostenga juntas las tres capas del pañal con una mano y asegure con un imperdible.

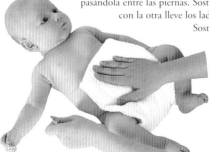

CÓMO LIMPIAR A LOS NIÑOS

Los niños suelen orinar cuando se les quita el pañal. Un pañuelo de papel o un pañal limpio sobre el pene puede minimizar el inconveniente.

Quite las heces

Limpie las heces con aceite o loción y algodón; use un trozo nuevo cada vez que lo haga.

Quite la orina

Limpie con un algodón, desde los pliegues de las piernas hacia el pene. Nunca intente retraer el prepucio.

Limpie las nalgas

Levante las piernas sosteniendo los tobillos como se muestra arriba. Seque muy bien.

CÓMO FACILITAR EL LAVADO

Lavar pañales lleva mucho tiempo; aproveche estos consejos para organizarse y simplificar la tarea.

- *Utilice pinzas o guantes de plástico para quitar los pañales del balde esterilizador; téngalos a mano.*

- *Cuando cambie un pañal por la noche, déjelo en un cubo separado o en una bolsa de plástico. A la mañana siguiente, póngalo en la solución esterilizadora.*

- *Si usa un esterilizador en polvo, para evitar inhalarlo siempre ponga el agua primero en el cubo.*

- *Secar los pañales sobre los radiadores endurece la tela y resulta molesto para el niño. Hágalo en la secadora, en una cuerda para la ropa o en un tendedero dentro de la bañera.*

- *Puede usar un desodorante ambiental para el cubo de los pañales.*

Cubos para pañales
Para la esterilización necesitará dos cubos: uno para los pañales sucios y otro para los mojados.

HIGIENE DE LOS PAÑALES

Es fundamental lavar muy bien los pañales; los residuos de amoníaco irritan la piel del bebé y las bacterias de la materia fecal pueden causar infecciones. Utilice siempre jabón puro en escamas o en polvo, pues los detergentes fuertes y los polvos con enzimas podrían irritar la piel. Si desea emplear suavizante para la ropa, ignore las indicaciones del fabricante y enjuague bien antes de usarlo. En caso de utilizar una solución esterilizadora, no tendrá que lavar más que los pañales sucios, pues los mojados sólo requieren un enjuague. No es necesario hervir los pañales, a menos que estén demasiado manchados o se hayan puesto grises; basta con agua caliente, tanto para enjuagar como para lavar. Si la ropa del bebé se ensucia con materia fecal, no la ponga en la solución esterilizadora, porque puede desteñir. Simplemente quite todo lo que pueda, enjuague y lávela como acostumbra.

ORGANÍCESE CON EL LAVADO

Adoptar un sistema organizado para lavar los pañales puede ser de mucha ayuda, sobre todo si piensa lavar muchos de una vez (para esto tendrá que tener por lo menos 24 pañales). Necesitará dos cubos de plástico grandes con asas resistentes y tapa: uno para los pañales sucios y otro para los mojados. Deben tener capacidad para contener por lo menos seis pañales y la solución esterilizadora, pero no tan grandes que no pueda levantarlos cuando estén llenos. Puede comprar cubos especiales, pero bastará con unos de buen tamaño con tapa.

Todas las mañanas llene los cubos con la solución esterilizadora. Siempre enjuague los pañales antes de ponerlos en el cubo; enjuáguelos con agua fría, retuérzalos y póngalos en la solución. Quite en el inodoro toda la materia fecal que pueda de los pañales sucios; sosténgalos con la mano y apriete el botón, luego escúrralos y póngalos en el cubo de pañales sucios. Una vez esterilizados los pañales durante el tiempo necesario, retuérzalos. Los pañales mojados se deben enjuagar bien con agua caliente y luego secar; a los sucios hay que lavarlos con agua caliente en la lavadora o a mano, enjuagarlos y secarlos.

Las braguitas de plástico se ponen muy duras y se arruinan si se lavan con agua muy fría o muy caliente, por lo tanto lávelas con agua tibia y un poco de detergente, enjuague, seque con un paño y déjelas orear antes de usar. Si se endurecen mucho, séquelas en la secadora junto con una carga de toallas.

DERMATITIS DE PAÑAL

Si la orina permanece mucho tiempo en el pañal o en la piel, las bacterias de las heces se descomponen formando amoníaco, que irrita y quema la piel. Ésa es la causa más común de la dermatitis de pañal. En su forma leve se manifiesta con pequeños puntos rojos y enrojecimiento general de la zona genital, algo menor alrededor del ano, y un fuerte olor a amoníaco. Cuando es más aguda, hay inflamación y excoriación de la piel, a veces con pústulas. En los casos graves puede causar deshidratación.

Los bebés que maman tienen menos propensión a padecerla que los alimentados con leche de fórmula. La guía que figura a la derecha puede ayudar a reducir los riesgos de que su hijo resulte afectado. En caso de que su niño parezca tener síntomas, procure determinar si no se trata de otra erupción que requiera tratamiento *(véase abajo)*. De lo contrario, tome las medidas preventivas (excepto el uso de crema protectora); también haga lo siguiente:
• Cambie los pañales con más frecuencia.
• Antes de llevarlo a dormir (sobre todo si el niño duerme toda la noche) ponga un paño desechable dentro del pañal de tela para que absorba más.
• Si el niño tiene dermatitis de pañal, después de quitarle el pañal sucio o mojado debe tener la piel en contacto con el aire de 15 a 20 minutos.

OTRAS ERUPCIONES EN LA ZONA DEL PAÑAL

No todas las afecciones de la piel de esa zona son dermatitis de pañal. Es importante que usted identifique el tipo de erupción que tiene el bebé a fin de tomar las medidas necesarias. Use esta lista de control para reconocerlas; algunas requieren atención médica.
• El sarpullido de calor se manifiesta en forma de ampollas pequeñas en toda la zona del pañal, además de extenderse en todo el cuerpo. Suspenda el uso de braguitas de plástico. Deje al niño sin pañales siempre que pueda, y alíviele el calor quitando prendas o mantas.
• La micosis aparece primero en la zona del ano como una erupción en forma de manchas y luego se extiende a las nalgas y la parte interna de los muslos (a veces se producen manchas blancas dentro de la boca). El médico probablemente le recete un tratamiento antimicótico.
• La dermatitis seborreica (muy rara en los bebés) se manifiesta como una descamación rojo pardusca en la zona genital y los pliegues de la piel sobre todo en la ingle, y también en todas las partes grasas, como el cuero cabelludo. Generalmente se trata con ungüentos.

CÓMO EVITAR LA DERMATITIS DE PAÑAL

Lo fundamental es mantener seca y bien aireada la piel del bebé, y lavar y enjuagar muy bien los pañales.

• *Al primer síntoma de piel excoriada, aplique una crema para dermatitis de pañal. Las que contienen sales de titanio son particularmente efectivas. Deje de usar braguitas plásticas, pues evitan la evaporación de la orina.*

• *La excoriación y el enrojecimiento de los genitales son causados por la humedad. Seque al niño meticulosamente y no aplique talco.*

• *Evite lavar las nalgas con agua y jabón pues ambos probablemente quiten la grasitud natural de la piel.*

• *Utilice pañales desechables con revestimiento "siempre seco" o pañales de gasa de ese tipo a fin de mantener seca la piel.*

• *Aplique una capa gruesa de crema protectora (pero no la use si emplea pañales desechables o de gasa "siempre secos", pues quedará en el pañal).*

• *Lave y enjuague bien los pañales para eliminar todo residuo de amoníaco.*

• *Nunca deje al bebé con el pañal mojado.*

• *Permita que las nalgas del niño estén en contacto con el aire siempre que pueda.*

Las prendas de punto y los peleles/enteritos unisex son ideales para usar todos los días; tal vez prefiera ropa más femenina para ocasiones especiales.

• *Procure que todas las prendas se puedan lavar en la lavadora, pues se ensucian enseguida.*

• *Evite las chaquetas de punto muy gruesas, porque podrían irritar la piel, o con encaje, dado que se pueden enganchar los dedos del bebé.*

• *Los gorros son prácticos y bonitos. Elija los que tienen elástico o tiras para atar debajo del mentón y los de ala ancha para protegerse del sol en verano.*

LAS PRIMERAS PRENDAS

A todos les encanta la ropa de bebé; sus amigas y familiares comprarán prendas para su niño tan pronto como nazca. Usted estará muy orgullosa de su aspecto y probablemente adquiera algunos conjuntos elegantes para ocasiones especiales, pero no es necesario gastar mucho dinero, pues las prendas quedarán pequeñas al poco tiempo. En cuanto al bebé, cualquier tipo de ropa es adecuada, siempre y cuando sea cómoda, suave y se pueda poner o quitar sin mucha complicación.

Como el bebé regurgitará y babeará sobre la ropa, y probablemente haya pérdidas de los pañales, conviene comprar solamente prendas que se puedan lavar en la lavadora y de colores firmes; procure evitar las blancas, pues se ensucian rápido y los lavados frecuentes las deslucen.

Opte por ropa cómoda, sin costuras ásperas y de tela suave. Las de algodón, lana pura y felpa son muy adecuados para el bebé; las fibras sintéticas son suaves al principio, pero con el lavado frecuente se endurecen y se forman bolitas.

Adquiera prendas no inflamables y evite las chaquetas y mantas de trama abierta, pues los dedos del bebé pueden quedar fácilmente enganchados en los agujeros. También preste atención a la forma en que se abrochan las prendas. Los bro-

ELECCIÓN DE LAS PRENDAS

Peleles cómodos
Las prendas holgadas son las más cómodas y abrigadas para el bebé. Fíjese que los puños, los tobillos y el cuello no rocen la piel o ajusten demasiado.

Con los peleles, todos los niños se sienten cómodos y a gusto

Vestida para salir
Su niña estará preciosa y se sentirá cómoda usando un bello conjunto con elásticos no demasiado ajustados.

Los broches que se abren y cierran con facilidad son rápidos y prácticos

Los zapatos holgados con suela blanda permiten mover libremente los pies

VESTUARIO BÁSICO PARA EL RECIÉN NACIDO

6 camisetas o batitas de
  algodón, con cuello amplio
2 pares de calcetines/medias
  y botitas
1 manta, para envolver al bebé
8 peleles de punto
2 chaquetas/sacos de lana
  (4 en invierno)

2 pijamas holgados
2 pares de mitones
  (para el invierno)
1 bolsa acolchada para usar en la
  silla de paseo
1 gorro de ala ancha con tiras o
  elástico

LA ROPA DE NIÑO

Cuando elija prendas para su hijo, opte por las de telas y diseños prácticos y elegantes.

• *Los conjuntos de jardinera/ mameluco y camiseta son cómodos y quedan bien. Elija los que tienen broches a presión entre las piernas para cambiar el pañal sin complicaciones.*
• *En invierno son muy abrigados los gorros con solapas que cubren las orejas y se abrochan debajo del mentón.*
• *No piense que los leotardos son sólo para las niñas. Como los bebés pierden los peúcos/escarpines y calcetines muy fácilmente, los leotardos resultan muy prácticos y abrigados, incluso para los niños.*
• *Los chándales son sumamente cómodos y permiten cambiar fácil el pañal.*
• *Los colores primarios intensos quedan bien para ambos sexos.*

ches de presión entre las piernas facilitan el cambio de pañales, y en el cuello evitan que la prenda le quede pequeña muy pronto si le creció un poco la cabeza. Los niños detestan tener la cara cubierta, por lo tanto elija ropa con cuello "sobre" o abrochada al frente. Esta última también permite desvestir al bebé sin darlo vuelta. Todos estos detalles contribuyen a que sus prendas sean cómodas para él y prácticas para usted.

Tome nota de las medidas de su niño y llévelas con usted cuando vaya de compras. Los bebés de la misma edad tienen diferente tamaño, por lo tanto fíjese en la etiqueta las especificaciones de peso y altura, no tanto la edad. Si tiene duda, compre el talle más grande: las prendas holgadas son más cómodas y abrigadas que las ceñidas, y a su hijo pronto le quedarán bien.

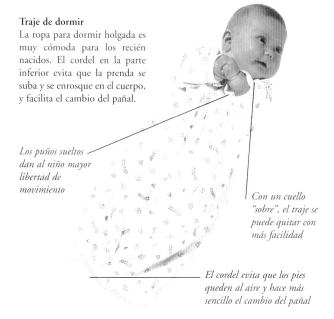

Traje de dormir
La ropa para dormir holgada es muy cómoda para los recién nacidos. El cordel en la parte inferior evita que la prenda se suba y se enrosque en el cuerpo, y facilita el cambio del pañal.

Los puños sueltos dan al niño mayor libertad de movimiento

Con un cuello "sobre", el traje se puede quitar con más facilidad

El cordel evita que los pies queden al aire y hace más sencillo el cambio del pañal

Para todos los días
Los conjuntos con broches de presión y las botitas con suela blanda son ideales para los niños, y muy versátiles.

PARA MANTENERLO ABRIGADO

Cuando el frío es motivo de preocupación, tomar estas precauciones de sentido común pueden ser la ayuda necesaria para mantener el bienestar y la seguridad del niño. Recuerde que los bebés se acaloran con facilidad; eso puede provocar erupciones; además éste es un factor de riesgo para la muerte en la cuna.

• *El cuerpo puede perder mucho calor por la cabeza, si está descubierta. Cuando salga de casa con el niño, póngale un gorro (de ala ancha y, si lo desea, con solapas que cubran las orejas).*

• *Los bebés de poca edad deben ser desnudados en una habitación cálida, sin corrientes de aire, pues no pueden conservar el calor del cuerpo.*

• *Es importante mantener el cuarto del niño a temperatura constante. La cantidad de frazadas que necesite depende de su temperatura corporal* (véase p. 81).

• *Si el bebé tiene frío, ponerle más ropa no siempre basta; posiblemente tenga que aumentarle su temperatura corporal llevándolo a un sitio más cálido o estrecharlo junto a usted para darle calor.*

• *Nunca deje al niño durmiendo al sol o cerca de una fuente directa de calor como los radiadores.*

• *Cuando salga, abríguelo, pero cuando llegue a un lugar cerrado, quítele las prendas de abrigo; de lo contrario no podrá regular bien su temperatura corporal.*

CÓMO VESTIR AL BEBÉ

Al principio, tal vez se encuentre algo perdida al vestir a su hijo, tratando de sostenerlo mientras le quita o le pone la ropa. Esa tarea será muchísimo más fácil con la práctica, por lo tanto tenga paciencia hasta que ambos se acostumbren.

Cuando vista o desvista al bebé tendrá que tener las manos libres, así que hágalo sobre una superficie plana y no deslizante; lo ideal es un cambiador. Es probable que el niño llore mientras usted lo cambia; se debe a que a casi todos les disgusta sentir el aire en la piel desnuda; prefieren sentirse protegidos y seguros. No piense que llora porque usted le está haciendo daño, así que no se ponga nerviosa por eso.

CÓMO PONER LA ROPA

Ponga la camiseta por la cabeza
Acueste al niño en una superficie plana y no deslizante; controle que el pañal esté limpio. Arremangue la camiseta y estire el cuello con los pulgares. Luego pásela por la cabeza, levantándola apenas, y procurando no rozarle la cara con la prenda.

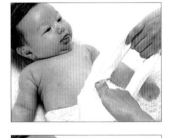

Pase los brazos por las mangas
Agrande la manga izquierda y pase suavemente el brazo del niño. Repita con el otro brazo. Baje la camiseta hasta la cintura.

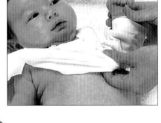

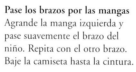

Cómo poner un pelele
Abra el pelele y acueste encima al bebé. Póngale las mangas pasando primero usted su puño y tomando la mano del niño. Abra las piernas de la prenda, ponga los pies del niño y luego abroche.

CÓMO QUITAR LA ROPA

Desabroche la prenda

Acueste al niño en una superficie plana antideslizante y desabroche la prenda. Si hay que cambiar el pañal *(véanse pp. 64 y 65)*, quite sólo las piernas de la prenda, a fin de que el niño quede vestido en la parte superior mientras usted cambia el pañal.

Flexione suavemente la rodilla mientras le quita las piernas de la prenda.

Retire la prenda

Levante las piernas del bebé como se muestra y retire la prenda hasta los hombros.

Arremangue la prenda y retire la mano con cuidado

Quite la parte superior

Arremangue la prenda y suavemente retire la mano del niño. Si además tiene una camiseta, arremánguela desde la cintura y retire con cuidado los brazos de las mangas, sosteniéndolo por el hombro.

CÓMO VESTIRLO EN EL REGAZO

Cuando su niño tenga tres o cuatro meses, tendrá bastante control de sus músculos y ya podrá sentarse bien en su regazo mientras usted lo cambia. Vestirlo en la parte inferior le será más fácil si lo acuesta.

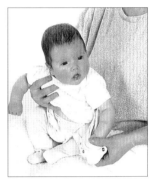

Vestir y desvestir con facilidad

Siéntese con las piernas cruzadas para que su hijo se pueda acomodar bien en el hueco de las piernas y sosténgalo contra el brazo, pues aún necesita apoyar un poco la espalda.

Quite la camiseta

Agrande el cuello de la camiseta con la mano y quítela con cuidado de la cabeza, evitando que la prenda roce la cara.

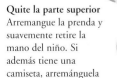

PRENDAS ADICIONALES

El tipo de ropa que usted compre para complementar el vestuario básico del bebé *(véase p. 79)* estará determinado mayormente por su gusto personal y el dinero que quiera gastar. No existe ninguna prenda esencial para el niño, pero algunas son más prácticas que otras. En verano, por ejemplo, las más adecuadas son las camisetas y los pantalones cortos de algodón, o un vestido de la misma tela, porque son frescos y permiten respirar libremente la piel de las extremidades; en invierno, son convenientes los peleles, los chándales y las jardineras. Como ya se ha mencionado, opte por telas que se adapten a los movimientos del niño sin provocarle incomodidad, y que no se rompan fácilmente; el algodón, la tela de toalla y la pana/corderoy son ideales. Mire también que las prendas permitan cambiar fácilmente el pañal y se puedan lavar en la lavadora.

Preste atención a la cintura, las piernas y el cuello de las prendas pues no deben ajustar; si es necesario compre una medida más grande. Las que tienen broches de presión en el cuello suelen durar más. En general, a los niños la ropa les queda pequeña porque no les pasa la cabeza por el cuello de las prendas, pero si tienen broches de presión, éstos se pueden dejar abiertos para solucionar el problema. Seguramente aprenderá a calcular la medida de su niño con bastante precisión; ante la duda, lea los datos de peso y altura especificados en las etiquetas, y no la edad. Si adquiere la prenda sin poder probarla en ese momento, averigüe si aceptan cambios, en caso de que no le quede bien.

Conforme el niño crezca, posiblemente desee comprarle un pijama como alternativa al pelele. Si viene con suelas plásticas en los pies, haga un pequeño orificio en el medio de cada una para que circule el aire y no le suden los pies. Cuando le quede pequeño, puede cortarle los pies para poder usarlo un mes más. En las noches muy frías, los sacos de dormir para bebés solucionan el problema de que se salgan o se corran las mantas. Cuando compre ropa interior, opte por la de cuello amplio para que pasen fácilmente por la cabeza. Los conjuntos de camisetas estampadas con pantalones pueden servir como pijama y también como camiseta.

EL SUEÑO

A menos que el niño tenga hambre, frío o esté incómodo por otra razón,

pasará la mayor parte del tiempo dormido entre toma y toma.

La cantidad de horas que duermen depende de la fisiología individual,

pero en general están dormidos un 60 por ciento del día.

Sin embargo, no suponga que su hijo dormirá siempre, y no se preocupe

si él no lo hace; ya desde el nacimiento, algunos bebés, por naturaleza,

están despiertos más tiempo que otros. A medida que su hijo crezca,

comenzará a definirse un patrón de sueño regular. Cuando tenga tres meses,

habrá un momento del día en el cual estará bastante tiempo despierto,

por lo general a la misma hora, normalmente a últimas horas de la tarde

o temprano por la noche.

EL CUARTO DEL BEBÉ

Cuando es muy pequeño, su hijo puede tener cuarto propio o compartir el de usted; sin embargo, cuando comience a dormir toda la noche, deberá tener su propio espacio. Le harán falta algunos artículos o muebles especiales; si es necesario, podrá improvisarlos –por ejemplo, puede usar un fregadero para bañar al bebé, y una toalla plegada como cambiador– pero muchos padres están encantados de equipar la habitación del bebé.

Si éste es su primer hijo, pregunte a sus amigas con hijos qué elementos son los más útiles y evalúe esos consejos sobre la base de su estilo de vida. Si tiene dudas, visite los comercios y consulte catálogos antes de comprar. Habrá muchas cosas que no serán necesarias; lo fundamental es un lugar para que el niño duerma, tener sus pañales, su ropa *(véanse pp. 62 a 63 y 68 a 69)* y los elementos necesarios para su alimentación.

Tampoco piense que debe comprar todo nuevo; consulte los anuncios de venta de artículos de segunda mano en el periódico o los tablones de anuncios del consultorio o la clínica. Las cunas portátiles duran apenas un par de meses porque los bebés crecen muy rápido; tal vez le convenga pedir una prestada a sus amigas o familiares. Si compra artículos usados, controle que estén en buen estado, que las superficies no sean ásperas y que no estén oxidados a fin de que no sean peligrosos para el niño. También verifique que cumplan con las normas de seguridad. Tenga precaución con la pintura: muchas pinturas viejas contienen plomo, que es tóxico si se ingiere (el bebé podría chupar el borde de la cuna, por ejemplo). Nunca adquiera sillas para el coche o arneses de segunda mano.

EQUIPO BÁSICO PARA EL BEBÉ

TRASLADO
Coche de niño para paseo (adecuado desde el nacimiento), silla de paseo, "canguro", silla para el coche

BAÑO
Bañera para bebé (con soporte), algodón, toalla grande suave, paño o esponja, cepillo para bebé, loción de baño para bebé, tijera con punta roma

CAMA Y ROPA DE CAMA
Cuna portátil o cuna, colchón con recubrimiento impermeable, sábanas ajustables para cuna, manta con tejido de celdas (para el recién nacido), mantas, alarma para bebé

OTROS
Balancín/hamaca, gasa

ARREGLOS PARA EL CUARTO

Una vez que el bebé llegue a casa, usted estará demasiado ocupada con la alimentación y los pañales –probablemente también muy cansada– como para dedicarse a equipar la habitación, por lo tanto hágalo antes de que él nazca.

Procure que la limpieza del cuarto sea fácil de mantener, y que las superficies sean lavables. Adquiera muebles con perfiles redondeados y pintura atóxica, sin plomo. Necesitará mucho espacio para guardar cosas, sobre todo cerca del lugar donde cambiará los pañales; una cómoda con una superficie de apoyo amplia y no muy alta, y estantes arriba es lo ideal. La superficie de apoyo debe ser lisa, lavable y bastante amplia como para apoyar el cambiador. Para el suelo, lo mejor es la moqueta, pues absorbe el ruido, es cálida y también resistente. Si le parece que es poco higiénica, una buena alternativa son los suelos vinílicos o de corcho, con una o dos carpetas antideslizantes.

La habitación no debe ser demasiado cálida, pero sí estar a una temperatura constante. Si ésta es de 18 ºC, el bebé estará bien con una sábana y tres mantas; si el cuarto es más cálido, precisará menos abrigo *(véase p. 81)*. En tanto el niño esté bien arropado y cómodo, la calefacción por la noche sólo será necesaria en épocas muy frías; lo más conveniente es mantener la temperatura del cuarto con un calefactor controlado por termostato.

Quizá también le resulte útil un dispositivo de control de la luz ambiental, que permita regular la iluminación y no sobresaltar al bebé. Si lo desea, puede dejarlo en mínimo como alternativa para la luz piloto. También podría ser práctico un biombo, para proteger al niño de la luz solar y las corrientes de aire.

LA DECORACIÓN DEL CUARTO

Los recién nacidos tienen una distancia focal limitada –apenas de 20 a 25 cm– pero los colores vivos y la decoración pueden crear un entorno de estimulación.

• Lo mejor es elegir colores alegres; los colores pasteles tranquilizan al niño. Anime el cuarto con vívidos tonos de rojo, amarillo, verde y azul.

• Cuelgue móviles alegres sobre la cuna del niño y en el lugar donde le cambia los pañales. Los colores y el movimiento harán que preste atención a su entorno.

• Ponga imágenes llamativas, interesantes y con colores intensos en la pared; pegue estrellas y lunas fosforecentes en el cielo raso.

• Elija telas y revestimientos lavables, con estampados vivaces para estimular a su hijo.

El espejo está hecho con plástico irrompible

Estimulación visual
Coloque un espejo irrompible dentro de la cuna para que su hijo pueda mirarse en él.

MUEBLES Y ACCESORIOS PARA DORMIR

Para el recién nacido, lo más adecuado es un moisés o un coche de paseo; algunos incluso se convierten en sillas de paseo para cuando sea mayor. Los moisés y las cunas portátiles muy pronto quedan pequeños, así que no conviene gastar demasiado a menos que usted lo desee. Entonces, el niño necesitará una cuna. Elija una con barrotes no muy separados entre sí –la distancia óptima es de 2 1/2 a 6 centímetros– y con laterales rebatibles para levantar al niño sin complicación. El colchón debe ser bien a la medida, para que al bebé no se le quede atascado el brazo, la pierna o incluso la cabeza junto al lateral. La cuna durará hasta que el niño pueda salir solo, aproximadamente cuando tenga de dos a dos años y medio; entonces tendrá que dormir en una cama. El colchón de la cuna debe ser

Sitios para dormir
Los recién nacidos duermen la mayor parte del tiempo, y pueden hacerlo en cualquier lugar. Al principio, lo más conveniente es un moisés o una cuna portátil, pues se pueden llevar a cualquier sitio. Cuando le quede pequeño, necesitará una cuna.

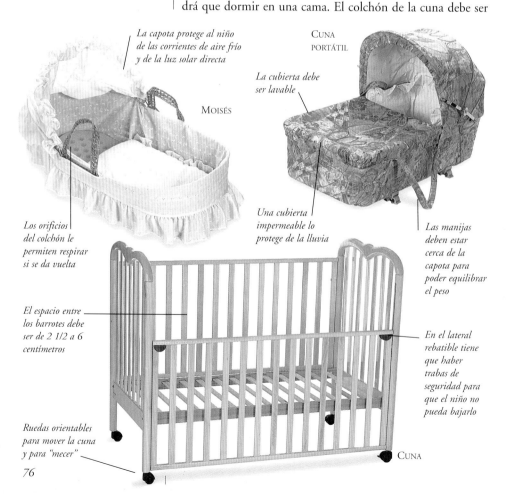

La capota protege al niño de las corrientes de aire frío y de la luz solar directa

CUNA PORTÁTIL

La cubierta debe ser lavable

MOISÉS

Los orificios del colchón le permiten respirar si se da vuelta

Una cubierta impermeable lo protege de la lluvia

Las manijas deben estar cerca de la capota para poder equilibrar el peso

El espacio entre los barrotes debe ser de 2 1/2 a 6 centímetros

En el lateral rebatible tiene que haber trabas de seguridad para que el niño no pueda bajarlo

Ruedas orientables para mover la cuna y para "mecer"

CUNA

del tipo de espuma, con orificios que permitan al niño respirar si se da vuelta mientras duerme. Las cunas de viaje son muy prácticas cuando se sale de vacaciones o por la noche. Tienen laterales de tela y son plegables; por lo tanto, son fáciles de transportar y guardar.

Como los bebés de muy poca edad no pueden regular bien la temperatura corporal, siempre deben dormir con una sábana de algodón y varias mantas con tejido de celdas, a fin de poder quitar o agregar una cuando lo necesite. Cuando tenga un año, ya podrá usar un edredón. Cuando adquiera ropa de cama, controle que sean incombustibles y que cumplan con las normas de seguridad.

Temperatura durante el sueño Investigaciones realizadas sobre la muerte en la cuna han demostrado que los bebés que sufren demasiado calor tienen mayor riesgo de ser afectados. Si bien la temperatura del cuarto es importante, la cantidad de mantas con que se abriga al bebé lo es más aún. Si la habitación está a 18 ºC, una sábana y tres mantas mantendrán al niño con una temperatura ideal. Si es más cálida, tendrá que usar menos mantas *(véase p. 81)*. Las mantas de piel de cordero o las mantas nido son muy aislantes y pueden causar acaloramiento; por tal motivo, no se las deje al niño toda la noche. Asimismo, los protectores de cuna y las almohadas pueden provocarle mucho calor. Como pierden calor por la cabeza, si están cubiertos por la almohada o los protectores de cuna, la pérdida de calor se verá reducida.

INTERCOMUNICADOR

Le permite estar en contacto con su niño cuando se encuentra en otra habitación.

• *Los intercomunicadores se venden en distintos modelos: a pilas, enchufables a la red de electricidad y recargables.*

• *Si adquiere el modelo a pilas, opte por el que tiene un indicador del estado de las pilas y permite saber si el aparato está demasiado lejos.*

En contacto
Los intercomunicadores constan de dos aparatos: el transmisor, para el bebé, y el receptor, para la madre.

ROPA DE CAMA PARA EL NIÑO

• Edredón para cuna (sólo para bebés mayores de 12 meses)
• Sábanas de algodón

• Manta nido de abeja, de algodón
• Manta afelpada
• Cubierta impermeable para proteger el colchón

• Colchón de tipo espuma con orificios
• Manta de piel (no es adecuada para usar durante la noche)

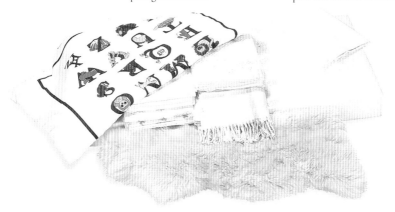

SALIR CON EL BEBÉ

Cuando los bebés aún son pequeños, duermen mucho y se los puede llevar con facilidad; son "portátiles". Eso le permite salir y disfrutar llevando al niño con usted.

Las primeras semanas, es bueno para los padres –sobre todo para las madres– salir de casa y poder pasar un rato agradable con amigos. Estas salidas son más fáciles mientras el bebé es pequeño, porque duerme en cualquier sitio; una silla para coche que pueda usarse también como silla de paseo es ideal. Se puede poner en el asiento del vehículo y luego llevar adonde usted vaya mientras el bebé duerme.

Una vez que el niño duerma toda la noche, usted tendrá que seguir un horario para la hora de dormir, así que aproveche esa flexibilidad mientras pueda.

El sueño
Controle que su niño esté abrigado pero no acalorado *(véase p. 81)*. La foto de un rostro junto a la cuna mantendrá su atención si se despierta.

EL SUEÑO Y LA VIGILIA

Los recién nacidos necesitan dormir mucho. En tanto no tengan hambre, frío o incomodidad, por lo general duermen no menos del 60 por ciento del día.

Su niño se quedará dormido inmediatamente después de cada toma (y a veces, durante la toma). Es probable que no preste atención a ruidos como el de la radio o el de las puertas; de hecho, los sonidos monótonos, como el de la aspiradora, muchas veces los tranquilizan. Sin embargo, los patrones de sueño de los niños varían; de modo que si su hijo no se duerme después de una toma, no insista en que permanezca en la cuna.

Es importante que su hijo aprenda a distinguir entre el día y la noche. Cuando oscurezca, cierre las cortinas y atenúe la luz del cuarto. Controle que esté abrigado y cubierto; cuando se despierte durante la noche, aliméntelo rápido y en silencio sin encender la luz. Con el tiempo, aprenderá la diferencia entre una toma diurna y una nocturna.

¿DÓNDE DEBE DORMIR?

Probablemente le resulte más fácil que el niño duerma en un lugar que permita llevarlo con facilidad. Durante el día, las sillas para coche, con correa para llevar, son ideales. Si usted no tiene coche, puede usar una cuna portátil; es adecuada tanto para el día como para la noche, y si tiene que salir, puede adosarla a pies con ruedas. Cuando le quede pequeña, necesitará una cuna *(véase p. 76)*.

Dormir con los padres Al principio, algunas madres ponen al niño a dormir con ellas porque así es más fácil alimentarlos de noche, y como sólo se trata de un par de semanas, no será difícil romper el hábito. Si usted duerme con su hijo, póngalo entre usted y su marido, para que no se caiga. No tema darse vuelta y aplastarlo; eso no pasará a menos que usted haya bebido alcohol o tomado drogas que le produzcan un sueño pesado.

La habitación del niño Preste mucha atención a la temperatura del cuarto de su hijo. Los bebés no pueden regular la temperatura corporal como los adultos; para mantener la temperatura adecuada, necesitan calor y abrigo, pero no demasiado *(véase p. 81)*. Con una luz piloto o un graduador de luz ambiental podrá vigilarlo durante la noche sin despertarlo.

Dormir al aire libre Excepto cuando hace frío, su niño puede dormir tranquilamente al aire libre, pero debe estar abrigado y bajo constante supervisión. Nunca lo deje dormir directamente al sol; elija un sitio con sombra o protéjalo con un dosel. Si está ventoso, baje la capota de la cuna. Siempre cubra la cuna con un mosquitero.

La ropa Como el recién nacido necesita cambios frecuentes de pañales, es conveniente el uso de prendas que faciliten esa tarea. Las mejores son los peleles de punto o un traje para dormir con cordones en la zona de los pies para que no se le enrolle hacia arriba.

Es importante que el niño no esté demasiado acalorado ni tenga frío. En clima cálido, bastará con una camiseta y un pañal. En invierno, o cuando hace mucho frío, controle la temperatura del niño tocándole la nuca. Debe sentir una temperatura similar a la suya. Si la siente fría, déle calor estrechándolo junto a usted. Si parece tener calor y está sudado, quítele una manta.

CÓMO MANEJAR LOS PROBLEMAS

Si su bebé se despierta con frecuencia durante la noche o llora cuando trata de ponerlo a dormir, usted dormirá poco y le será difícil estar bien durante el día. Incluso si amamanta al niño, su marido puede alimentarlo algunas noches dándole el biberón con leche extraída *(véanse pp. 42 a 43)*. O bien, su marido puede cambiarle los pañales y llevarle al bebé para que usted lo alimente. Si está agotada, pida ayuda a una amiga o familiar, alivie su rutina, levántese tarde y duerma la siesta siempre que pueda.

Procure que el niño duerma toda la noche cansándolo durante el día con mucha estimulación: háblele, tómelo en brazos y muéstrele muchas cosas diferentes para que mire. Si se despierta muy seguido por la noche porque tiene los pañales mojados, use pañales dobles, y si llora cuando usted lo deja, no regrese para alzarlo de inmediato. Mecer la cuna, quitar una manta o cambiarlo de posición puede ser suficiente para que se calme. Las primeras semanas, envolverlo en una manta *(véase a la derecha)* puede hacerlo dormir: la sensación de estar bien sujetos les da mucha seguridad. Ése también es un buen método para calmar a un bebé inquieto.

CÓMO CALMAR AL BEBÉ

Existen varios métodos que puede intentar para que su niño se duerma.

• *Durante el primer mes, envuélvalo con una manta antes de ponerlo a dormir, pero no se la deje puesta toda la noche.*

• *Para envolver al bebé, doble una manta en forma de triángulo y acueste encima al niño, con la cabeza sobre el lado más largo. Lleve una de las puntas hacia el centro, por encima del bebé, y póngala detrás de la espalda; repita con el otro lado. Doble la parte inferior hacia abajo cubriéndole bien los pies.*

• *Deje que chupe el pecho o el biberón sólo por placer.*

• *Oscurezca la habitación por la noche y tenga las cortinas cerradas.*

• *Cuando hace frío, un poco antes de llevarlo a dormir ponga en la cuna una botella con agua caliente, pero siempre quítela antes de acostarlo.*

• *Cuelgue un móvil sobre la cuna para que el niño se tranquilice.*

• *Si parece no querer calmarse, pruebe mecerlo suavemente o acariciarle la espalda (especialmente en la nuca) o las piernas.*

• *Llévelo en el "canguro" y camine: estar en contacto estrecho con usted y escuchar los latidos de su corazón lo ayudarán a tranquilizarse.*

REDUCCIÓN DEL RIESGO

Siguiendo estas guías, reducirá significativamente el riesgo de que su hijo padezca muerte en la cuna.

• *No fume ni permita que alguien fume en su casa; evite los lugares con humo.*

• *Cuando cubra a su hijo con mantas, no lo abrigue demasiado* (véase el cuadro de la derecha).

• *Evite envolverlo con una manta para que el niño pueda quitarse las mantas si está muy acalorado.*

• *Si le parece que su hijo no está bien, no dude en consultar al médico.*

• *Si el niño tiene fiebre, no lo abrigue; quítele mantas o prendas a fin de que pueda perder calor.*

Proteja a su bebé
Lo más importante es poner al niño de espaldas para dormir y controlar que no tenga mucho calor.

PREVENCIÓN DE LA MUERTE EN LA CUNA

El síndrome de muerte súbita del lactante, comúnmente conocido como "muerte en la cuna", es la muerte repentina e inesperada de un bebé sin razón aparente. En el Reino Unido, la tasa de muertes producidas por este síndrome es de 3 cada 2.000 nacimientos con vida; en cifras concretas, hubo 1.134 muertes en 1991. Gracias a una campaña oficial para incrementar la conciencia pública sobre el tema, proporcionando información actualizada y recomendaciones a los padres, la cantidad de muertes se redujo a 613 –casi la mitad– en 1992.

Las causas de la muerte en la cuna aún se desconocen en gran medida; por lo tanto no existen precauciones que pueden garantizar absolutamente su prevención. Sin embargo, hay muchas formas en que los padres pueden reducir el riesgo de manera considerable.

POSICIÓN PARA DORMIR

Uno de los factores aúlicos de riesgo es la posición en que duerme el niño. En la mayoría de los países, los bebés dormían de espaldas. También en el Reino Unido casi todos los niños dormían de espaldas hasta mediados de la década de los sesenta, y la cantidad de casos registrados de muerte en la cuna era baja. Sin embargo, en 1970, en las salas de terapia intensiva neonatal se inició la práctica de poner a los bebés prematuros a dormir boca abajo pues se consideraba que esa postura mejoraba la respiración y reducía los vómitos. Con el tiempo, esa práctica se extendió a los bebés nacidos a término.

En 1965 se estudió y debatió acerca de la importancia de la posición para dormir en relación con la muerte en la cuna, pero los resultados arrojados en esa época no fueron decisivos. Pero a partir de 1986 se comenzaron a comparar los índices de muertes por el síndrome de diversos sitios, y se hizo notorio que se producían menos casos en los bebés que dormían de espaldas. En esa época, en el Reino Unido, el 93 por ciento de los bebés eran puestos boca abajo para dormir.

Cuando nació mi primer hijo, en 1972, pude evitar el riesgo sólo por pura casualidad, pues puse al niño de costado pensando que le sería más fácil chuparse el pulgar si deseaba hacerlo, y lo mantenía en esa posición con almohadas pequeñas y suaves a los costados. Desde entonces, las investigaciones realizadas en Nueva Zelanda han demostrado que en los bebés colocados de costado la incidencia de este síndrome es menor, pero que sin soporte podían ponerse boca abajo. En consecuencia, la posición más segura para su hijo es la de espaldas.

Algunas personas le dirán que en esa postura el niño puede inhalar leche regurgitada, pero no existen pruebas que sustenten esa afirmación.

IMPORTANTES PRUEBAS SOBRE EL PELIGRO DE FUMAR

En la actualidad no existen dudas de que las mujeres que fuman durante el embarazo incrementan el riesgo de padecer el síndrome (además del de tener un parto prematuro o un bebé de poco peso al nacer). Más aún, el riesgo aumenta en proporción a la cantidad de cigarrillos que fuma. En los bebés de madres fumadoras, el riesgo de padecer el síndrome se duplica en relación con los bebés de no fumadoras, y dicho riesgo se triplica cada diez cigarrillos diarios. En el Reino Unido, podrían evitarse unas 365 muertes de cuna por año sólo con que las embarazadas y madres dejaran de fumar. Los estudios realizados en Estados Unidos indican enfáticamente que la exposición al humo incrementa un 200 por ciento el riesgo de sufrir el síndrome, y si ambos padres fuman, el riesgo es aún mayor.

LA IMPORTANCIA DE LA TEMPERATURA

No existe duda alguna de que abrigar demasiado al niño para dormir, poniéndole mucha ropa y mantas, junto con una temperatura del cuarto demasiado alta son un factor de riesgo del síndrome, pues éste es mucho más frecuente en los bebés que tienen demasiado calor (no obstante, el riesgo de sobrecalentamiento por sí solo incide menos que la posición para dormir y el humo de cigarrillo). Dos tercios de las muertes ocurren en invierno, cuando a los bebés se los abriga más *(continúa en la p. 82).*

CONTROL DE LA TEMPERATURA

Ponga un termómetro en la habitación del niño para saber cuántas mantas necesita. Con una temperatura de 18 ºC, es adecuado ponerle una sábana y tres mantas.

sábana y 4 mantas

sábana y 3 mantas

sábana y 2 mantas

sábana y 1 manta

sábana sola

15 ºC	18 ºC	21 ºC	24 ºC	27 ºC

DÓNDE SOLICITAR AYUDA

La muerte inesperada de un bebé es un enorme pesar y provoca un dolor desgarrador. Existen organismos especiales que pueden ayudar a que los padres puedan manejar los sentimientos de desconsuelo, congoja y culpa.

• *Muchos padres solicitan ayuda al poco tiempo de ocurrida la muerte, a veces a las pocas horas. Existen líneas de atención telefónica que brindan información, atendidas por personal especialmente capacitado.*

• *Casi todos los padres, tarde o temprano, solicitan ayuda profesional. El apoyo continuo de una visitadora social, una trabajadora social o un consejero religioso es invalorable; no tema pedirlo.*

• *Muchas veces, es una gran ayuda para los padres poder hablar con alguien que haya tenido la misma experiencia, ya sea en grupos de apoyo o en forma individual.*

• *En algunos países existen sistemas de apoyo grupal o individual que continúan mucho tiempo después de haber cesado la ayuda profesional; pueden ser fundamentales en fechas como los aniversarios del nacimiento o de la muerte del niño.*

• *Por lo general, los padres que han perdido a un hijo por causa del síndrome están sumamente preocupados cuando vuelven a tener otro hijo. Existen grupos de apoyo que involucran a los padres, la comadrona, el médico y la visitadora social para asegurarse de que el recién nacido reciba todo el cuidado posible.*

Cuando el niño no se siente bien, muchos padres añaden más mantas a la cuna, pero eso es contraproducente. En bebés de más de diez semanas, la temperatura corporal elevada sumada a la infección incrementa en gran medida el riesgo del padecer el síndrome. Si se impide la pérdida de calor, la temperatura corporal de un bebé que sufre una infección se eleva por lo menos un grado por hora. Los niños pierden calor mayormente por la cara, el pecho y la barriga, así que colocarlos de costado permite que regulen mejor su temperatura corporal.

Los edredones, las mantas de piel, los "nidos" y los protectores de cuna son aislantes térmicos y no deben usarse en bebés de poca edad pues impiden la pérdida de calor. No hay necesidad de dejar la calefacción en el cuarto toda la noche, a menos que el frío sea muy riguroso; basta con que el niño tenga suficientes mantas *(véase la tabla de la p. 81)*. Si en la habitación de su bebé hay un calefactor, procure que esté controlado por un termostato a fin de que se apague cuando la temperatura es muy alta y se encienda cuando es baja.

INVESTIGACIONES EN CURSO

Si bien se han identificado los factores de riesgo, las causas de la muerte en la cuna aún están lejos de conocerse. Los aspectos que se están investigando actualmente incluyen el desarrollo de los mecanismos de control de la temperatura y el sistema respiratorio de los infantes durante los primeros seis meses de vida, y el hallazgo de que una deficiencia enzimática hereditaria podría ser la responsable de un pequeño número (aproximadamente el 1 por ciento) de los casos de muerte en la cuna. Un estudio llevado a cabo en el Reino Unido durante los últimos ocho años asoció la muerte en la cuna con las sustancias químicas ignífugas de las mantas, pero dicha relación aún no ha sido categóricamente demostrada.

CAPÍTULO 6

LAS PRIMERAS SALIDAS

Su bebé podrá acompañarla a todas partes en tanto usted esté serena
y bien preparada. Siempre vale la pena tomarse quince o veinte minutos
para planificar la forma en que llegará a destino, qué necesitará para el viaje,
dónde alimentará al niño y cómo lo cambiará. Si está bien organizada y se siente
segura, las salidas con su niño serán una gran alegría; cuanto antes comience,
tanto mejor. Hasta que adquiera confianza, vaya con alguien que pueda ayudarla.
Tener un aliado para compartir la novedad y cualquier inconveniente que surja
durante el viaje harán que las salidas con su niño sean más placenteras.

ARTÍCULOS PARA TRASLADAR AL BEBÉ

Su niño pasará la mayor parte del tiempo usando artículos que permitan desplazarlo o trasladarlo. En el mercado existe una gran variedad de coches de niño y sillas de paseo. A la hora de elegir, los puntos principales a tener en cuenta deben ser la seguridad y la facilidad de traslado.

La forma más habitual de transportar a un recién nacido es el "canguro": es ligero, cómodo y permite sostener al bebé con las manos libres. Antes de comprar uno, pruébelo con su hijo y controle que le sostenga bien la cabeza. Las mochilas son adecuadas cuando el niño ya puede sentarse solo; tienen un sistema de apoyo que contribuye a soportar mejor el peso de bebés de mayor tamaño.

Para viajes más largos necesitará un coche de niño o una silla de paseo, en la que el bebé podrá estar acostado o sentado. Los coches son para los primeros tres meses, hasta que pueda mantener la cabeza. El modelo a elegir depende del presupuesto y del estilo de vida. Considere si tendrá que usarlo en autobuses y trenes o subir escaleras, y también dónde lo guardará. Cualquier modelo que adquiera deberá tener arnés de seguridad incorporado o dispositivos para colocarle uno.

Elección del coche
En los primeros tres meses, el niño debe poder estar acostado. Puede utilizarse una silla reclinable, pero el coche de paseo es más versátil y durable. Algunos modelos se convierten en sillas de paseo.

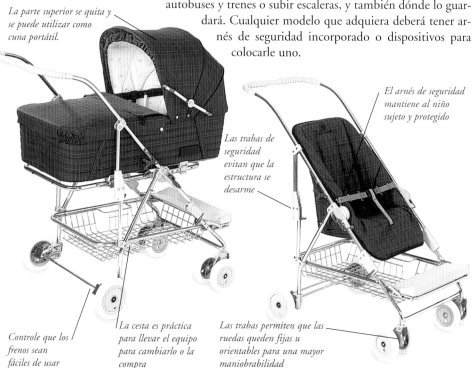

La parte superior se quita y se puede utilizar como cuna portátil.

El arnés de seguridad mantiene al niño sujeto y protegido

Las trabas de seguridad evitan que la estructura se desarme

Controle que los frenos sean fáciles de usar

La cesta es práctica para llevar el equipo para cambiarlo o la compra

Las trabas permiten que las ruedas queden fijas u orientables para una mayor maniobrabilidad

PARA DESPLAZARSE CON EL BEBÉ

El "canguro" debe tener un soporte para sostener la cabeza cómodamente

El "canguro"
El bebé se siente seguro en él, y usted puede tener las manos libres.

La mochila
Es el medio de traslado ideal para el niño cuando ya esté demasiado pesado para el "canguro". Verifique que sea cómoda y que la abertura para las piernas no le ajusten.

Controle que esté siempre bien sujeto para evitar que se deslice

Balancín
Puede llevarlo cuando salga con su bebé a visitar a sus amigas. Permite que su niño lo vea y mire qué pasa a su alrededor. Póngalo siempre en el suelo, nunca sobre la mesa o un escritorio.

ARNESES DE SEGURIDAD

Como su bebé no tiene miedo de caer, por su propia seguridad siempre tendrá que estar protegido.

• *Los más seguros son los de cinco puntos de sujeción, con tiras para los hombros, para la cintura y para pasar entre las piernas.*

• *El coche de paseo debe tener un cinturón incorporado o fijaciones que permitan colocar uno.*

• *Las sillas generalmente traen un cinturón para pasar entre las piernas. Además deben tener fijaciones para añadirle un arnés de seguridad adicional.*

• *Muchos vienen con arneses optativos que se pueden utilizar cuando el niño comience a caminar.*

QUÉ LLEVAR

Fundamentalmente, necesitará el equipo de alimentación, el de cambio de pañales, y algunos juguetes para que el niño se entretenga.

• *Un cambiador o bolso cambiador.*

• *Pañales desechables o de tela.*

• *Toallitas húmedas para el cambio de pañales.*

• *Crema protectora.*

• *Un recipiente cerrado o bolsas de plástico para los pañales sucios.*

• *Si toma biberón, un biberón preparado con leche para una toma.*

• *Discos absorbentes, si está amamantando.*

• *Gorro de ala ancha y cintas o elásticos para atar debajo del mentón.*

• *Una chaqueta (sin encaje ni de trama muy abierta).*

• *Dos de sus juguetes preferidos.*

VIAJES Y PASEOS

Planificar un viaje con el bebé nunca es tiempo perdido. Cuanto más pequeño sea su niño, tanto más tendrá que planificar. En los primeros meses, el horario de alimentación del bebé a veces es bastante flexible, así que necesitará llevar al menos un biberón preparado de más si no lo amamanta, además del equipo necesario para cambiarlo (existen bolsos cambiadores ligeros y prácticos). Planifique su ruta para saber dónde podrá detenerse, cambiar o alimentar al pequeño sin complicaciones ni inconvenientes. Si piensa hacer compras durante el viaje, incluso conviene averiguar por teléfono si tienen un espacio para cambiar al bebé, a fin de evitar durante el viaje los que no cuenten con ese servicio.

Si su hijo tiene pocas semanas, sencillamente no vale la pena emprender un viaje si tendrá que caminar mucho, llevar demasiado peso o hacer varias combinaciones de transporte. No se exija damasiado. Procure que la acompañe una amiga o su marido, así podrán ayudarla en caso de que lo necesite. Podrá llevar a su niño a todas partes, siempre que esté bien preparada y tenga algún medio para desplazarlo, como un "canguro", un coche de niño o una silla para coche.

LA SILLA DE PASEO

Si no desea llevar al niño en un "canguro", puede usar una silla de paseo: es ideal para los bebés; se sienten muy cómodos en ella. Los pequeños se muestran muy interesados por lo que ocurre a su alrededor casi desde que nacen; tan pronto como su hijo pueda sentarse, ajústele la posición para que pueda observar su entorno.

Tendrá que ser hábil para plegar y abrir la silla en cuestión de segundos sin inconvenientes, por lo tanto practique en casa antes de la primera salida. De lo contrario se encontrará, por ejemplo, con que la gente la empuja para adelantarse en una cola, y usted se sentirá frustrada. Desde el principio debe poder abrir la silla con una mano, cerrarla con el pie y saber manejar los frenos, todo mientras sostiene al bebé. He aquí algunos consejos para la seguridad:

• Cuando abra la silla, siempre controle que quede bien extendida, con los frenos trabados.

• Nunca lleve al niño en la silla sin haberle puesto antes el arnés de seguridad.

• Nunca deje al niño en una silla sin vigilancia.

• Si se queda dormido en la silla, ajústela en una posi-

ción horizontal para que él pueda descansar cómodo.
• No cuelgue las bolsas de la compra en las manijas: el peso podría desequilibrar la silla y poner en peligro a su niño.
• Cuando se detenga, accione los frenos porque la silla podría empezar a rodar si usted inadvertidamente deja de sostenerla.
• Revise la silla con regularidad para comprobar el funcionamiento de las trabas y los frenos y el estado de las ruedas.

EL TRANSPORTE PÚBLICO

Trasladarse en el transporte público puede ser un verdadero desafío, pues en general ni los autobús ni los trenes están equipados o prestan servicios para madres con niños pequeños. Si usted se imagina sosteniendo un movedizo y pesado bebé en brazos, con la silla de paseo, el bolso cambiador, su bolso, un abrigo y tal vez otro niño de la mano, movilizarse en transporte público es una de las cosas menos desebles.

Desde luego, todo puede ser más fácil si nunca viaja en horas pico o –en caso de que el bebé sea pequeño– lleva a su hijo en "canguro". Si el niño es más grande, llevarlo en mochila le permitirá tener más independencia, pues al tener las manos libres podrá manejarse mejor. Siempre prepárese con anticipación. Yo nunca salía de casa con mis hijos sin llevar algunos juguetes para que se entretuvieran, su libro favorito y algunos tentempiés para comer. Antes de salir debe dejar listos todos los objetos que lleve, incluida la silla, y con bastante anticipación a fin de controlarlos y verificar que no se olvida de algo. Lo mismo se aplica cuando viaje en autobús o en tren: prepárese con bastante anticipación para bajar y solicite ayuda a los demás pasajeros siempre que lo necesite.

SALIDAS ESPECIALES

Cuidar del niño no significa que no pueda volver a disfrutar la vida activa y amena que usted llevaba antes. Mientras el bebé sea pequeño, aproveche la facilidad con que lo puede trasladar y el hecho de que él duerma prácticamente en cualquier sitio. Una cena en un restaurante o una salida al cine serán un grato entretenimiento para usted dado lo ocupada que está y las exigencias de su tarea (pero recuerde evitar los lugares con mucho humo). Asimismo, su niño nunca es demasiado pequeño para salir; de hecho, con un bebé pequeño usted puede salir casi a cualquier lugar; siempre que usted pueda atenderlo, él disfrutará con la salida y recibirá estimulación mental y visual por el cambio de ambiente, aunque apenas entienda qué sucede a su alrededor.

SALIR CON DOS NIÑOS

Salir con un bebé puede ser un desafío si usted no se siente segura; con un pequeño más, deberá organizarse bien y estar sumamente preparada.

• *Una silla doble con módulos ajustables de manera independiente es ideal para niños de distintas edades.*

• *Lleve al recién nacido en un "canguro" y tendrá las manos libres para la silla del mayor.*

• *Cuatro manos hacen más que dos: cualquier salida será más fácil si la acompaña su marido o una amiga.*

• *Para el niño mayor lleve un tentempié, como una fruta fresca, un poco de zumo de fruta diluido, y un juguete, libro o chupete.*

• *Ate los juguetes a la silla con una cinta para no tener que agacharse a levantarlos una y otra vez.*

• *Evite utilizar el transporte público o escaleras mecánicas.*

• *Postergue una salida planificada si el niño mayor está de mal humor ese día, o si usted no tiene ganas de hacerla.*

COMPRAR CON EL BEBÉ

Cuando lleve a su niño con usted a la compra, siempre planifique el itinerario y las detenciones en detalle a fin de aprovechar mejor el tiempo.

• *Procure realizar la salida entre tomas. Si su hijo toma biberón y supone que la salida se extenderá un poco más, lleve un biberón con leche suficiente para una toma.*

• *Lleve siempre el equipo básico para cambiar al pequeño para el caso de que lo necesite. Casi todos los grandes almacenes cuentan con un espacio para cambiar al bebé.*

• *Si se desplaza en coche, ponga al niño en una silla para coche que mire hacia atrás, que podrá asegurar en la parte trasera o delantera.*

Correas y arneses
Use siempre las correas de seguridad para mantener al niño seguro en la silla. Podrá colocarle los arneses y cinturones adicionales cuando sea un poco mayor.

SALIDAS DE COMPRAS Y VIAJES EN COCHE

Llevar a un bebé de compras tiene sus problemas. Aunque planee salir sólo por una hora o dos, es posible que el niño se aburra, tenga hambre o se ponga inquieto y difícil de manejar, por lo tanto es recomendable planificar cuidadosamente con anticipación para minimizar el estrés. Ir en coche es mucho más cómodo: podrá alimentar y cambiar al niño en él, dejar las bolsas con la compra en el maletero sin tener que llevar peso adicional; tampoco tendrá que soportar la incomodidad del transporte público.

Si usted no tiene coche, procure pedirlo prestado a un familiar. En caso de que usted no sepa conducir, puede ser conveniente pedir a una amiga que tenga coche que la acompañe. Procure hacer la compra por la mañana, cuando hay menos gente en la calle y en los comercios y menos bullicio para el bebé. Trate de salir poco después de alimentarlo; de esa forma, tendrá dos o tres horas para la compra sin que él tenga hambre o se sienta molesto.

Como en cualquier otro viaje, lleve los elementos necesarios para cambiar los pañales y alimentarlo. Los juguetes parecen ser una carga, pero son de gran ayuda; además, puede atarlos a la mochila, a la silla e incluso al carrito del supermercado para que el niño se entretenga, y sin tener que levantarlos.

CÓMO LLEVAR AL NIÑO

Necesitará tener las manos libres para comprar, por lo tanto, vale la pena que considere en detalle la forma en que llevará al bebé. Cuando el niño ya se pueda sentar manteniendo bastante bien la cabeza y la espalda, podrá ponerlo en el carrito del supermercado. Hoy en día muchos de ellos tienen sillas para bebés completas, con correas de seguridad; antes era necesario llevar un arnés. Las mochilas son ideales para llevar al niño de compras: el niño mantiene el interés viendo todo lo que le rodea y se siente seguro con el contacto físico; en consecuencia, es probable que se porte bien y llore poco o nada. Además, usted tendrá las manos libres. Como los niños siempre están tratando de tomar los objetos que les interesan, camine por el centro de los pasillos, no muy cerca de los objetos, a fin de que su hijo no intente tomar nada. Mejor aún, pida a su marido que la acompañe; él podrá llevar al niño y usted hará la compra con más tranquilidad.

VIAJES LARGOS EN COCHE

En las limitadas condiciones de un viaje largo, es probable que el pequeño se ponga inquieto. Entonces, deberá controlar que esté fresco, alimentado y limpio sin complicaciones y entretenerlo cuando está despierto. Si el tiempo está caluroso, se irritará más fácilmente que si está frío o templado. Nunca lo deje solo en el coche cuando hace calor: en el interior, la temperatura puede elevarse muchísimo más que en el exterior; eso hará que se acalore y se deshidrate. Si es necesario, ponga una pantalla en la ventanilla del coche o una capota en la silla para protegerlo de los rayos solares intensos.

LA SEGURIDAD

Por sobre todo, el niño debe viajar seguro. Los bebés más pequeños deben ir en la silla mirando hacia atrás, que se puede colocar en la parte delantera o trasera del coche, o bien en una cuna portátil en el asiento de atrás con el soporte adecuado. Si debe viajar con el niño sobre el regazo, siempre siéntese atrás. De lo contrario, si el coche frenara bruscamente, el niño saldría despedido de sus brazos y se haría daño. En caso de que haya tenido un accidente, deberá cambiar la silla del niño y todas las correas y cinturones, pues es probable que estén arruinados. Por la misma razón, nunca debe comprar de segunda mano sillas para coche, arneses o dispositivos de seguridad.

ALIMENTACIÓN Y CAMBIO DE PAÑALES

Si usted amamanta al bebé no tendrá mayores problemas durante el viaje, pero nunca lo haga con el vehículo en movimiento porque no es seguro para el bebé. Si el niño toma biberón, use biberones desechables, o prepare varios biberones en casa, enfríelos en el refrigerador y llévelos en un bolso térmico. Si debe preparar leche de fórmula, utilice agua hervida de un termo. Nunca trate de mantener tibios los biberones, pues eso favorece la multiplicación de bacterias.

Lleve pañales desechables, incluso si habitualmente usa los de tela. Podrá cambiar al niño en el asiento trasero del coche o bien en el maletero, sobre una toalla limpia. No hará falta bañarlo, sólo limpiarlo, pero hágalo meticulosamente en la zona que está en contacto con los pañales. Tenga toallitas húmedas para limpiarlo, crema protectora para evitar la erupción y un recipiente hermético para los pañales sucios.

CONSEJOS PARA VIAJAR EN COCHE

Como ocurre con cualquier otra salida, para los viajes en coche lo esencial es planificar y organizarse con suficiente anticipación. Estos consejos podrán serle de ayuda para que todo salga lo mejor posible.

• *Procure iniciar el viaje temprano por la mañana o por la noche, cuando la carretera está menos transitada.*

• *Ponga al niño en un asiento para coche. Controle que esté bien instalado y protegido con las correas de seguridad, y que permanezca así mientras el coche esté en movimiento.*

• *Si viaja de día, lleve una pantalla para cubrir la ventanilla de los rayos solares intensos.*

• *Tenga todo el equipo necesario para alimentarlo y cambiarle los pañales, y también un recipiente hermético o bolsas de plástico para los pañales sucios.*

• *Lleve un recipiente limpio con agua hervida tibia o una botella de agua mineral.*

• *Incluya una caja de toallitas húmedas y otra de pañuelos de papel grandes.*

• *Lleve juguetes para el viaje y dos o tres cintas grabadas o discos compactos con música tranquilizadora.*

NOTAS

Utilice este espacio para anotar los primeros momentos más importantes de su hijo; por ejemplo, su primera sonrisa.

LOS PRIMEROS DATOS DEL BEBÉ

Quizá le parezca que los detalles exactos del nacimiento de su niño son imposibles de olvidar; sin embargo, notará que a veces la memoria falla con el tiempo. Estos datos, junto con la tabla de peso y altura, la ayudarán a refrescar la memoria y a llevar un registro del progreso del bebé en sus primeros seis meses de vida.

PRIMER BEBÉ

Nombre ....

Fecha estimada de parto ....

Fecha y hora de nacimiento ....

Lugar ....

Altura...

Peso ....

Grupo sanguíneo ....

Duración del parto...

Tipo de parto ....

Comadrona - consultor ....

Personas presentes ....

SEGUNDO BEBÉ

Nombre ....

Fecha estimada de parto ....

Fecha y hora de nacimiento ....

Lugar ....

Altura...

Peso ....

Grupo sanguíneo ....

Duración del parto...

Tipo de parto..

Comadrona - consultor..

Personas presentes ....

PESO Y ESTATURA HASTA LOS 6 MESES (NIÑAS)

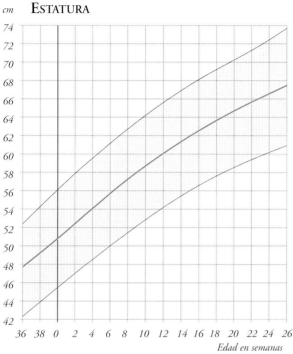

cm **ESTATURA**

Edad en semanas

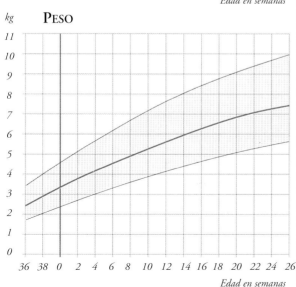

kg **PESO**

Edad en semanas

USO DE LAS TABLAS

Creo que no hay necesidad de medir y pesar a los bebés cuando es evidente que crecen y se desarrollan normalmente, pero hemos incluido estas tablas para los padres ansiosos por seguir detalladamente el progreso de su hijo.

• *Probablemente deba pedir a la comadrona o al médico del hospital el peso y la estatura de su hijo al nacer.*

• *Vaya completando la tabla con las medidas que tome su médico, la visitadora social o la clínica regional.*

• *Si su hijo nació antes de la fecha prevista, tendrá que modificar la tabla según corresponda. Con un bebé nacido a las 36 semanas de gestación, por ejemplo, comience a anotar las medidas a la izquierda del cero, según corresponda; posteriormente, cada vez que registre una medida reste cuatro semanas a la edad del niño.*

• *Para seguir el progreso del bebé, sitúe la edad en el eje horizontal y trace una línea vertical. Luego apunte la estatura o el peso en el eje vertical y trace una línea horizontal. Marque un punto grueso en el lugar donde ambas líneas se crucen. Repita el procedimiento cada semana. La línea formada por los puntos registrados es la curva de crecimiento de su bebé.*

ESTATURA Y PESO

Cuando evalúe el progreso de su hijo, lo más importante a tener en cuenta es su felicidad y su bienestar general. No obstante, posiblemente le resulte de interés registrar el peso y la estatura de su hijo en estas tablas (véase también p. 91).

No se preocupe a menos que el patrón de crecimiento del niño se desvíe de la línea percentil (véase abajo). *Procure no comparar a su hijo con otros niños de su edad.*

El margen de altura o peso "normal" correspondiente a cualquier edad es muy variable. Los recién nacidos pesan entre 2,5 y 4,5 kilogramos, sin que esa diferencia sea motivo de preocupación.

Las tablas indican el rango de estatura y peso correspondiente a la mayoría de los niños. La línea central roja representa el percentil quincuagésimo, es decir: el 50 por ciento de los niños está por debajo de la línea y el 50 por ciento por arriba. Las líneas exteriores grises representan los extremos fuera de los cuales se encuentran muy pocos niños (menos del 0,5 por ciento). Si su hijo se encuentra fuera de dichos extremos, consulte con su médico.

Las medidas del niño, registradas regularmente, deben formar una línea más o menos paralela a la línea central. Si no es así, tal vez las medidas no fueron tomadas correctamente o quizá se utilizó mal la tabla. Si tiene dudas sobre el progreso o el bienestar de su hijo, consulte en la clínica pediátrica de su zona.

PESO Y ESTATURA HASTA LOS 6 MESES (NIÑOS)

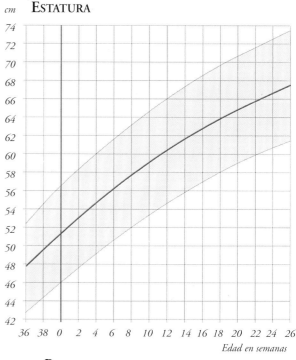

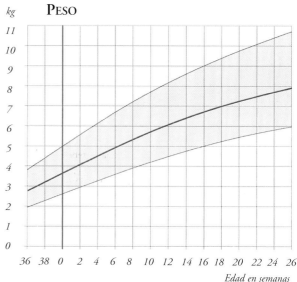

92

ÍNDICE TEMÁTICO

AGRADECIMIENTOS

Dorling Kindersley quiere agradecer a las siguientes personas e instituciones su contribución a este libro.

FOTOGRAFÍA
Todas las fotografías son de Jules Selmes excepto la de la página 13 *(derecha)* que es de Ron Sutherland/Science Photo Library

ILUSTRACIÓN
Asis Khan

CONSULTORES MÉDICOS
Dra. Margaret Lawson,
Dra. Frances Williams

ASESORAMIENTO Y COLABORACIÓN
Child Growth Foundation (tablas de altura y peso), National Childbirth Trust, The Vegetarian Society

EQUIPO
Boots the Chemist, Children's World, Debenham's, Freeman's Mail Order

ASESORAMIENTO EDITORIAL Y DE DISEÑO
Nicky Adamson, Caroline Greene, Maureen Rissik, Ruth Tomkins

ÍNDICE TEMÁTICO
Hilary Bird

PELÍCULAS DEL TEXTO
The Brightside Partnership, Londres